纽迈培强

——杨培强和他的纽迈分析

顾小平　著

古吴轩出版社
中国·苏州

图书在版编目（CIP）数据

纽迈培强：杨培强和他的纽迈分析 / 顾小平著. —
苏州：古吴轩出版社，2019.7
（江枫文丛. 第三卷，创新之路）
ISBN 978-7-5546-1358-0

Ⅰ. ①纽… Ⅱ. ①顾… Ⅲ. ①传记文学－中国－当代
Ⅳ. ①I25

中国版本图书馆CIP数据核字（2019）第075012号

责任编辑： 俞　都
见习编辑： 黄菲菲
装帧设计： 杨　洁
责任校对： 徐小良　吕丽静
责任照排： 刘　浩

书　　名： 纽迈培强——杨培强和他的纽迈分析
著　　者： 顾小平
出版发行： 古吴轩出版社
地址：苏州市十梓街458号　　邮编：215006
Http://www.guwuxuancbs.com　E-mail:gwxcbs@126.com
电话：0512-65233679　　传真：0512-65220750
出 版 人： 钱经纬
印　　刷： 苏州市大元印务有限公司
开　　本： 880×1230　1/32
字　　数： 160千
印　　张： 7.25　插页：2
版　　次： 2019年7月第1版　第1次印刷
书　　号： ISBN 978-7-5546-1358-0
定　　价： 38.00元

《江枫文丛·第三卷（创新之路）》丛书编委会

杨培强，苏州纽迈分析仪器股份有限公司创始人，主攻核磁共振仪器的中高端市场。公司先后成立了工程技术研究中心、企业创新研究院以及国家级博士后科研工作站，致力于钻研具有自主知识产权的低场核磁共振技术。同时，公司还建立了核磁共振无损检测服务平台，开展检测、培训服务，引导、挖掘客户需求。

杨培强入选2018年第三批国家“万人计划”科技创业领军人才、科技部2016年创新人才推进计划、2016年江苏省有突出贡献中青年专家、江苏省第四期“333高层次人才培养工程”第三层次培养对象、2010年度姑苏创新创业领军人才和2008年苏州高新区科技创新创业领军人才，承担省部级科技项目包括科技部国家重大仪器设备开发专项、江苏省科技成果转化专项等多项。

序 言

苏州高新区诞生于全国形成立体全面开放格局的时代，27年来，创新开放的苏州高新区秉承“高”“新”发展理念，围绕“发展高科技，实现产业化”目标，把科技引领、创新驱动作为加快转变经济发展方式的核心内容，着力发展创新型经济，走出了一条以提高经济运行质量和效益为中心的内涵式发展道路，成为苏州市经济发展的有力引擎、开放创新的先进典范，更是国家高新区的一面旗帜。

大河奔流开新路，层峦竦峙争高峰！近年来，苏州高新区围绕建设苏南国家自主创新示范区核心区这一目标，系统谋划“发展是第一要务，人才是第一资源，创新是第一动力”的重要战略命题，不断集聚高端要素，发展高端产业，培育创新业态，营造创新生态，全力打造具有硅谷气质的创新高地。苏州高新区瞄准“自主可控”，突出技术“命门”，创新企业、科创载体登台“主唱”，不仅集聚了100多家“国字号”“中字头”大院大所，而且拥有各级各类科技领军人才1000多人次；不仅培育了一批创新能力强、发展速度快、市场潜力大的“制造业单项冠军”与“专精特新”企业，而且形成了以创新型领军企业、科技型上市企业、高新技术企业为骨干的创新企业集群；不仅拥有“真山真水、青山绿水”得天独厚的生态优势，而且拥有“山隐城中，城映水中”要素齐全的创新生态。从某种意义上说，苏州高新区展现了一种“科技和生态齐飞，山水与城市一色”的独特魅力，是人杰地灵、繁荣富庶的投资热土、创业天堂、宜居福地。

习近平总书记指出，企业是创新的主体，是推动创新创造的生力军，要推动企业成为技术创新决策、研发投入、科研组织和成果转化的主体，培育一批核心技术能力突出、集成创新能力强的创新型领军企业。苏州高新区开发建设27年来，一大批企业立足于此、深耕于此，创造了“几乎不可能”的创业传奇。如果把每一个企业比作一滴水，那么，每一滴水珠都蕴藏着浩浩汤汤的磅礴力量。这勇往直前的力量，正推动苏州高新区奔向更加壮阔的未来。

应该说，苏州高新区艰苦奋斗、自强不息、敢闯敢试、勇争一流的发展历程，是共和国伟大前行路上的一个生动缩影；在前进道路上涌现出的一系列可歌可泣的人和事，展示了苏州高新区的自信和智慧。

《江枫文丛·第三卷（创新之路）》丛书遴选了苏州高新区内5个极具代表性的创新样本，生动展示了企业家在苏州高新区创新创业的鲜活实践，深度挖掘了蕴藏在企业家心中的光荣与梦想、自信与希望，形象展现了科技创新托起中国梦的奋斗力量。这些在创新发展历程中定格的无数宝贵瞬间，铸造了一个地区不断前行的定力与勇气、眼界与胆识、胸怀与气质。

大道之行，一以贯之。2019年是中华人民共和国成立70周年，对此最好的纪念，就是在推进高质量发展的新征程中展现更大作为。当前，苏州高新区人民正以海纳百川的胸怀、水滴石穿的韧劲、奔腾不息的力量，在“强富美高”征途上不断开辟高质量发展的崭新境界！

前方，是喷薄欲出的朝阳；前方，是绚烂多姿的霞光……

让我们共同期待更加辉煌的未来！

丛书编委会

2019年3月

目 录

引子：掌声响起来

秋高气爽，春华秋实。在这收获的季节里，在千里运河苏州段苏高新软件园内，来自世界各地的低场核磁共振专家、学者二百多人聚集在苏州纽迈分析仪器股份有限公司。这里成了全球低场核磁共振界关注的一块“热土”。2013年度国家重大仪器设备开发专项“高性能核磁共振弛豫分析仪的开发和应用”在这里结题了。

公司董事长杨培强向不同肤色、不同语言的人介绍道：“五年来，整个项目紧紧围绕弱信号检测和快弛豫信号检测两个关键指标展开，在推进过程中一边不断进行技术开发，一边努力推进成果转化，取得了非常好的成绩，不仅在技术层面对纽迈有很大的帮助和支持，也向市场输出了多款工业核磁新产品。”

场上爆发出一阵热烈掌声。

出生于20世纪60年代的杨培强，个头不高，平时的言语也不多，只是做事认真、诚实、稳健。你如果给他一滴水，他必涌泉相报。他一生只做一件事，那就是低场核磁共振技术的研究、开发和应用。

据悉，除了已经商业化的产品，纽迈前前后后还诞生了60多个“孤品”，这些都是纽迈承担项目的“结晶”。

核磁共振固体脂肪含量分析仪、核磁共振纤维上油率分析仪、核磁共振纳米孔隙分析仪、核磁共振交联密度分析仪……杨培强介绍这些产品的技术突破及应用案例时，如数家珍，言语间几多自豪。仅2017年，纽迈就向市场推出了30套核磁共振纤维上油率分析仪（这款产品恰好荣获了“2017年度科学仪器优秀新产品”称号）。杨培强说：“从间接检测到直接检测，纽迈为产品的推出前后花了十年时间。因为简单、快速、不需要称量，该仪器的开发不仅扩大了低场核磁技术的应用市场，也解决了我们一直企求的工业仪器设备对分析仪器一致性的要求。”

提及运河，中国人是十分的骄傲。京杭运河从北京燕山脚下到杭州西子湖畔，流经中国的四省两市，是中国人设计并施工的一项伟大工程，是中国人为世界创造的人工奇迹。古老的运河是我们的祖先用自己的血和汗灌注的。我们的祖先为什么要以如此巨大的代价，在如此辽阔的中华大地上开挖一条贯通南北的河流呢？这又是何等可敬可畏、可歌可泣！

京杭运河由南到北穿过浙江省、江苏省、山东省、河北省和天津市、北京市，全长一千七百多公里。我国河流众多，绝大多数都是由东向西流的。京杭运河是我国唯一南北走向的长河，它和公路、铁路一样不存在源头，而是两端互为首尾。它是世界上人工挖凿的最长的一条河流。挖运河是为沟通。京杭运河横穿海河、黄河、淮河、长江和钱塘江，使我国这五大河系连成一个江河网。

京杭运河固然可以用来运送士兵、粮草，但在漫长的岁月中，还担负着运送来往客商、柴米油盐、绫罗绸缎等的任务，就很自然地使祖国南北的思想、感情、科技、文化进行了交流。这样的运河与苏州息息相关，这是苏州人的自豪与荣光。如胥溪、练渎、邗沟、黄浦，都是吴人为了吴地的发展而开掘的。作为吴文化的发祥地和中心，苏州历经风雨与沧桑，却始终傲然屹立，很大程度上得益于南北大运河的畅通，得益于静静流淌在她腹部的太湖。在她的腹部还有一颗耀眼的明珠——苏州高新区。正因为有大运河的沟通，有太湖之水的滋养，苏州高新区吸引了许许多多勤劳、善良、朴素、崇文、灵巧、正直、公正、与时俱进的优秀中华儿女。他们用智慧、汗水和以科技振兴中华的责任感，用科技引领着中国乃至世界前进的脚步。一件件高、新、尖的科技产品从苏州高新区发出，使中国走到了世界舞台的中央。他们做到了水畅其流、财聚其力、物尽其用、人尽其才，使苏州成为名副其实的江左名城、东南都会。

苏高新软件园就坐落在这青山绿水、鸟语和鸣里。它是青春和力量的象征，是智慧的结晶。一间间办公室里，一台台电脑前坐着世界级的专家与学者。别看他们只是轻点着鼠标，他们的屏幕上展示出的可都是引领世界科技发展的产品。苏州纽迈分析仪器股份有限公司在这里创造了许许多多的世界第一：

2011年5月，国内首套核磁共振纤维上油率分析仪在苏高新软件园苏州纽迈分析仪器股份有限公司面世，并成功进驻工业市场，一举改变了国外同类仪器垄断市场的局面。该产品还成功进入了欧洲市场，这也是中国的低场核磁产品第一次走出国门。

2015年11月，世界第一台自主研制的低场核磁共振低温孔隙分析仪在苏州高新区诞生。

2017年，苏州纽迈分析仪器股份有限公司向市场推出了30套核磁共振纤维上油率分析仪，这款产品荣获了“2017年度科学仪器优秀新产品”称号。

……

使中国分析仪器走向世界的杨培强，2018年入选第三批国家“万人计划”科技创业领军人才。然而杨培强却总是说：“这不是我的本领，而是苏州高新区带领我走进新时代、拥抱新辉煌的结果。没有苏州高新区，就没有我们纽迈的发展，就没有纽迈的今天。”

杨培强向来宾介绍道：“就像核磁技术在医学领域做影像诊断的应用一样，低场核磁共振技术在食品、农业、生命科学、生物医药、新材料、能源地矿等方面会有巨大的发展前景和空间。”

同时，杨培强也提到，虽然未来应用非常广泛，但目前我国很多地方还没有使用这项技术，相关标准方法的提升也是一个亟待解决的问题，这是市场推广的一个关键点，也是纽迈当前必须去做的事情。“只要我们愿意投入全身心的精力去工作，不断努力去探索、去研究，低场核磁共振技术在各行各业的应用就一定会得到蓬勃发展，也一定会有巨大的市场被挖掘出来。”

场上再次爆发出了热烈的掌声。一名外国专家走到杨培强面前，向杨培强竖起了大拇指，并用中文一字一顿地说：“你、真、棒。”还有一名美国低场核磁专家对着杨培强双手竖起大拇指连声说：“OK，OK，OK。”

而此时，杨培强眼角湿润了。他深深知道，让外国人向中国人竖起大拇指有多困难。他所经历的困苦、挫折、艰辛，只有他自己明白。而如今，他认为一切的付出都很值得。他抹掉了即将涌出的泪，他就是要让外国人看看，中国人是怎样走在世界科学前沿的。

除了输出工业核磁产品，重大仪器设备开发专项也对纽迈的其他方面产生了积极的影响。杨培强介绍说：“一方面，该项目的实施对科研仪器的发展产生了不小的帮助和促进作用，比如，弱信号和快弛豫信号的研究对科研体系的机理研究非常有帮助；另一方面，项目实施的过程也帮助纽迈建设并完善了自己的人才队伍、研发体系、品控体系、成果转化体系等。”

掌声连续不断在纽迈公司响起。

杨培强还一再强调说：“我只是一粒种子，是苏州高新区这片肥沃的土地让我生根、发芽、开花、结果；加之太湖水的滋养，通过运河进入长江，让我走向了全国，走向了世界。”

掌声再次在纽迈公司的大厅回响。

如今，能站在外国人面前滔滔不绝地讲解、介绍中国制造的科技成果，能让外国人围着自己问这问那，杨培强感到无比自豪，因为，这不是他杨培强一个人的事，而是中华民族站在了世界舞台的中央。

杨培强想起了他在低场核磁共振路上的经历。

第一章　童年时光

童年对一个人的成长非常重要，因为这是形成个人性格的阶段。很多成功人士在童年时代就确立了自己的人生目标，他们的成长过程就是为了这个目标而积累力量，甚至终生为之奋斗。

1966年1月5日，这是一个平平常常的日子。在上海市青浦县朱家角镇的一个普普通通的农民家里，全家人都早早起来，忙前忙后，等待新生命的降生。在农村，人们把生儿育女看成天大的事情。有句俗语："人生人，怕死人！"谁家在生孩子的事情上都绝不敢怠慢。

随着一声清亮的婴儿啼哭声传出，接生婆喊了一声："是个小子！"母亲看着襁褓中刚出生的儿子，笑了。

父亲激动得不知如何表达内心的喜悦。他抱着儿子在堂屋里转着，双眼不肯离开儿子，笑得合不拢嘴。三岁的女儿随着爸爸的走动而转动视线，看着爸爸高兴的样子。

母亲看到他们如此高兴，不免难受起来。她知道家里经济实在太困难了，可丈夫正在兴头上，她又不好扫了丈夫的兴致，于是想了想说："给儿子取个名字吧。"

父亲抱着儿子还在堂屋里转着，当他听到妻子说要为儿子取名时，才停下了脚步，想了想：就叫"杨培强"吧。他抱着儿子走到了床边，对妻子说："就叫杨培强，你说行不行？"妻子说："好，带个'强'字好。家里祖宗也希望我们强起来。"

父亲像是做出了一个惊天动地的决定，铿锵有力地说：“好，就叫杨培强！”然后连续叫着：“培强，培强，杨培强，杨培强。我的儿子杨培强。”

此时，杨培强“哇——”一声哭了起来。父亲抱着儿子说：“同意了，儿子也同意叫杨培强。”说着将儿子送到了妻子的怀里。

按理，家中添丁，应该以酒水相待亲友，可是，杨培强父亲乐了一会儿后，停下来冷静思考着，家里经济状况不允许啊，晚饭还没有着落啊。他跑到米缸边看看，缸里已经没有多少米了。

父亲刚才的欢乐劲儿一下子全部消失了，笑容变成了愁容。是啊，不管怎样，要面对现实、面对生活啊。现在家里又添了人，人丁是兴旺了，可孩子需要奶水啊，大人需要营养啊，这营养从哪儿来呢？

父亲抓起一把米，深深地叹了一口气。只能先熬粥了，尽量熬稠一点，先把这一顿解决了，再想办法。

父亲淘好米，放进锅里，加了一碗又一碗水，然后坐到灶膛前生起了火。火光忽明忽暗地映在他的脸庞上。

粥熬好了，父亲盛出来，刚端到妻子手上，就在这时，“笃、笃、笃”，有人敲门。妻子端着粥碗，停在了半空中。夫妻俩向门外望去，不知发生了什么事。

“笃、笃、笃”，敲门声再次响起。妻子示意丈夫去开门。

父亲打开了门，是邻居杨奶奶来了。杨奶奶手里拿着一只竹篮子，说道：“你们家添了人口，我是来道喜的，让我看看孩子。”

父亲答着：“好好好，谢谢杨奶奶。”

杨奶奶将篮子放在桌上，走到了床边，看着襁褓中的杨培强，仔细打量，笑嘻嘻地说：“这孩子将来必有出息，是个大富贵之人。杨家有望，杨家有望啊。我可要恭喜你们啊。”

父亲请杨奶奶坐下。妻子说：“谢杨奶奶吉言。”

杨奶奶看了看她手中的粥碗，慈爱地说：“生了孩子，就只吃这个啊，身体吃不消的。”说着走到了桌边，打开盖在竹篮子上的白底蓝花布，从篮子里面拿出几个鸡蛋，对父亲说：“先拿去煮了，给她补补身体。月子里一定要把身体补好了。”

父亲不好意思地愣着。杨奶奶催着：“别愣着了，我知道你们家的情况，快去吧。”

父亲将鸡蛋洗好，放进了锅里，再次坐到灶膛前点起了火。灶膛里的火再次忽明忽暗地映在他的脸庞上。

鸡蛋熟了，父亲立即剥好拿给妻子吃。妻子拿着鸡蛋，流下了泪水。杨奶奶说：“不要流泪，流泪会落下病根的。”

妻子停止了流泪。杨奶奶对杨培强父亲说：“我年纪大了，米也背不动。明天早上，你到我家去拿点米。”

父亲说：“这、这、这……”

杨奶奶说：“别不好意思，谁家没个难的时候，挨过了这一阵子就好了。”

日子就这样一天一天地往下过，杨培强就这样一天一天地长大。五岁时，杨培强就跟着爸爸妈妈一起下地干活了。撒种、栽菜、拔草……干得有模有样。爸爸妈妈看着幼小的儿子认真干活，不免又伤心起来，心疼儿子小小年纪就做起了超过正常人的活，但也只能这样一步一步向前走了。

村子里，杨培强家的老屋越发显得破旧了，那是经过多年风雨显露出来的自然衰败。下雨天，常常是外面下着大雨，家里下着小雨。碗、盆、缸都成了接漏水的工具，床上、桌上、灶台上都摆上了。雨一滴一滴地落在这些用具里，刚开始发出“叮叮叮”的脆声，过了一会儿就是“咚咚咚”的声音了，再过一会儿，那些碗、盆、缸就满了，满了就倒掉，继续再用，只要雨不停，就一直这样持续下去。满了就倒，倒了再继续接，每次下雨，都成了家里的一次“排涝会战”。

有一次，父亲从邻居家借了五元钱作为应急之用。刚到家不久，另一乡邻来到杨家，开口向父亲借钱。父亲摸了摸袋中的五元钱，毫不犹豫地借给了那个乡邻。父亲就是这样愿意帮助别人，而且是在自己最困难的时候帮助别人。后来，这种帮助别人的品德一直影响着杨培强，即使再困难，他也会去帮助别人，帮助员工。他始终怀着一颗感恩的心艰苦创业，宁可亏了自己，也绝不愧对朋友。他总是悄悄地把困难留给自己，帮助别人解决困难。

秋季的早晨，阳光灿烂，杨培强和姐姐一起帮着爸爸妈妈将稻子从屋里往门前的空地上运送。这是自留地里收的稻子，也是全家过冬的口粮，再晒一两天就可以碾成米了。妈妈看着姐弟俩一筐筐将稻谷倒在场上推开。杨培强总是从远处开始倒，而后慢慢地退到门口。妈妈看着他天真可爱的举止，笑了。爸爸在一旁说他干活爱动脑子。

下午突然下起了大雨。爸爸妈妈不顾一切地冲到了门前的稻场上，杨培强和姐姐看到后也冲上了稻场，他们抬、拉、扛，只要能把稻子先移到屋内就行。

由于淋了雨，加之抢收时心急，又缺少营养，身体十分虚弱的妈妈跌倒了。爸爸一边将妈妈扶进屋内，一边对姐弟俩说："你们抓紧时间收稻，你们抓紧时间收稻。"妈妈说："不要管我，稻子要紧，稻子比我的命重要。你别管我，你也去收稻，不要管我。"爸爸说："命重要，当然是命重要。你就歇着，有我们干呢。"

傍晚，妈妈突然发起了高烧。爸爸熬了一碗姜汤喂给妈妈。杨培强和姐姐站在床前，看着妈妈憔悴的脸，流下了泪水。

妈妈拉着杨培强的手："别哭，妈没事。都怪妈妈没本事，让你们从小受苦了。"

杨培强说："妈，我希望自己快点长大，能够帮你、帮家里多干点活。"

爸爸说："你们去睡吧。"

杨培强和姐姐睡到了旁边的一张小床上，与父母的床之间用一块布帘隔着，就算是两个房间了。

妈妈喝下姜汤后，感觉微微好了些。她放下了手中的碗，望了望布帘，问道："孩子们都睡了？"

爸爸答道："睡了，都睡了。"

妈妈说："培强这孩子还挺会动脑子。"

爸爸说："是啊，早上晒稻的时候，他是先从远处倒，因为搬到远的地方用力多，刚开始的时候，身体是有力，越倒到门口距离越短，这样比较省力；干了一会儿活，力气少了，但这时搬运的距离也短了。确实是聪明。”

一轮红日从东方升起，照射在广袤的大地上。人们从沉睡中苏醒，新的一天又开始了。对于杨培强一家来说，这又是一天劳动的开始。早晨，爸爸扛着锄头，搀着杨培强，父子俩一起走在田埂上。

回到家，杨培强给妈妈倒了一杯水，坐在妈妈的身边。

门外走来了一个要饭的老人和一个少年。老人背着一条破被子，少年穿着破衣。杨培强看到他们，心里不免有些困惑，自家也是穷得连锅都揭不开了，拿什么给他们呢？

爸爸走进屋里准备拿些米。要饭的喊道：“你先等等。我们早上吃过了，不是要饭的。”

爸爸好奇地转过身来看着他们：“你们不是要饭的，那你们是干什么的？”

要饭的说：“我向你打听一个人。”

爸爸问：“打听谁？”

要饭的说：“我打听一个从苏北兴化来的人。”

这时，爸爸搬了一张小板凳给要饭的坐下。

爸爸警惕地问道：“你是从哪儿来的？”

要饭的说：“我是从苏北兴化来的。”

爸爸问：“兴化现在怎么样了？”

要饭的说：“这几年的收成不好。听说上海这里好些，我们就一路要饭一路走到这儿了，投靠这里的亲戚。”

爸爸问：“你在这里有亲戚？”

要饭的说：“说来话长。三十多年前，兴化遭受了水灾，他们就来到上海一带了。”

爸爸望着要饭的说：“不管怎么说，我祖上在兴化生活过，你们兴化对我家有恩。如果不嫌弃，你们就住下吧。”

要饭的惊疑地望着杨培强爸爸，眼中露出了不解和喜悦。他真的不敢相信，面对这样穷要饭的，杨培强爸爸居然还认了。

要饭的说：“我姓单，你就叫我老单吧。”

爸爸说：“你们既然来了，就住在这里。我家虽然穷，但只要我们有一口吃的，就有你们吃的。”

要饭的说：“都是穷人啊，穷人的心是相通的。”

这事在幼小的杨培强心中埋下了善良的种子。家里虽穷，可是爸爸的所作所为，潜移默化地影响着杨培强，良好的家风伴随着杨培强一天一天长大，渐渐地养成了他与人为善的性格。爸爸没有给杨培强财产，却培养了杨培强知恩、敦厚、善良、诚实的高贵品性。

杨培强家后面有一块空地，杨培强爸爸和老单一起，自己动手，砍树、脱土坯，用茅草搭起了一个简易的家。杨培强帮着忙前忙后，不亦乐乎。

老单说：“你家这孩子真是聪明、机灵。”

爸爸说：“他就是顽皮，什么都想玩。”

老单说：“这孩子将来一定会有出息的。”

爸爸说：“穷人家的孩子，能有口饭吃就不错了，哪里还敢想什么出息？”

老单说：“是啊，穷人不容易。”

月亮爬上树梢，忙了一天的爸爸将杨培强姐弟俩安顿睡下后，才得以睡下。妈妈躺在床上说：“现在家里又添了两口人吃饭。他们没有田，没有地，怎么生活啊？”爸爸说：“船到桥头自然直，车到山前必有路。我们可以在自留地里种点蔬菜到街上去卖。上面有说法了，每家可以养两只鸡，自留地可以种菜了。我还可以到河里摸鱼卖，这样就能改善生活条件了。”妈妈说：“如果真有这样的政策，我们就做。只要能让我们做，我们就不怕穷。”

中国的农民就是这样，平凡，质朴，正如他们的语言，“只要让我做，就不怕穷”，平淡的话语中有着太多的内容，需要你去咀嚼，去消化，去回味……

日未出，云一般都是青里带紫的，有的地方还有些透明，边上有些微红，静静地贴在天际，而这时的天空和江水又显得特别的宁静。一眨眼工夫，那云就变宽变长了，多了许多色彩，仿佛为那即将升起的红日拉起了一条条横幅。横幅高挂，何等壮观！最弱的部分慢慢露出了深红，开始是一小块，然后不断变大，并不刺眼，却使人心跳加快。微微抖动的红日露出来了，顿时，“日出江花红胜火”，所有云上都像淬了火花，天空一片通红。

日出而作。杨培强爸爸早早地起床了，和老单一起来到了自留地里，种菜，整理着墒沟。过了一会儿，杨培强为他们送来了早饭，一小锅粥和一碗咸菜。他们吃着咸菜和粥，感到特别的香，一口气喝下了两碗粥。

老单说："我们来了，给你家增加了负担。"

爸爸说："你说哪儿话。只要政策允许我们做，就不怕穷。"

老单说："对，下午我们去河里摸鱼。我看了这里的河，有许多鱼儿、虾的，可以让我们挣点儿小钱。"

爸爸说："这是你的强项。我们一起去。"

老单说："对。然后拿到街上去卖。"

菜场上，人声鼎沸。人们手提着竹篮在菜摊前来来回回地挑选着。在市场外的一角，老单和杨培强爸爸蹲在一起，他们面前放着蔬菜和小鱼小虾。一些人在他们的摊前看了看，发现鱼虾蔬菜都很新鲜，问了问价钱，鱼虾只有市场内的八折，蔬菜也相当的便宜。于是，摊前集起了很多的顾客。杨培强爸爸和老单接待着顾客，他们一个卖菜，一个卖鱼虾，忙得不亦乐乎。

回到家，他们把工具往旁边一放，激动地先将零零碎碎的一角、五角、一元，还有许多一分、二分、五分的硬币放到桌上。看到这么多的钱，他们非常兴奋，连数钱的手都在发抖。他们将钱分类，最后一数，竟有六元一角三分。爸爸说："我还是第一次见到这么多属于自己的钱。今天要好好地庆祝一下。"

老单说："想不到，我们一天能赚这么多的钱，这是上海人十天的工资了。"

爸爸对站在一旁的妈妈说："我之前就说车到山前必有路，没错吧。”

爸爸从一叠钱中取出一半，说：“老单，这是你的。”

老单推着说：“不行，我不能拿这么多。”

爸爸说：“你刚来上海，需要花钱的地方多，最起码生活用品还是要买点的。”

老单说：“不行，我现在有得住、有得吃了，也算是安逸了。这钱你给培强报名上学吧。”

爸爸说：“孩子还小呢。”

老单说：“不小了。我看到了，邻居家与培强一样大的孩子都上学了。再穷也不能误了孩子上学啊。”

吃过晚饭，杨培强妈妈坐在油灯下，一针一线地为儿子缝制书包。杨培强依在妈妈身旁。妈妈一边缝一边说：“培强啊，你明天就去上学了，到了学校要听老师的话，跟同学们好好相处，不要打架，认真学习。”

杨培强望着妈妈说：“别人说读书没有用啊，你们怎么还要我上学呢？”

爸爸在身后生气地说：“谁说读书无用了！那是瞎说，越穷越要读书，书中自有黄金屋。”

妈妈说：“你这么大声干什么啊，别吓着孩子。”

杨培强不解地望着爸爸。

爸爸说：“越穷越要读书！现在我们能挣到钱了，你已经六岁了，到了上学的年龄了，就应该让你早点去读书。”

妈妈在一旁说：“我们穷人家也只有读书这一条路了，可是现在外面的人整天在叫喊读书无用。”

爸爸说：“我就不信读书无用，读书是有用的！”

妈妈说：“早点睡吧，明天就去学校了。”

黑色的夜，天上洒满了星星，一下一下在眨着眼。杨培强爸爸内心十分明白，读书是有用的，一定会有用的。他只有一个信念，就是管着自己的儿子，让儿子读书。杨培强爸爸是个内心坚定、表面从容的人，他朝着心中的目标前进，不断追寻心中的梦想。

第二天早晨，吃过早饭，妈妈给杨培强姐弟俩背上书包，说：“你们姐弟在学校要相互照应着。”

姐姐点了点头。

妈妈又对杨培强说：“妈妈就是不放心你。你是个顽皮的孩子，到了学校不能再像在家里一样到处玩了。学校有规矩，要听老师的话。”

杨培强说：“妈，我知道，你已经说了好多遍了。”

第二章　在自信中成长

是什么力量让人成为命运巨轮的掌舵者？他找到了答案，在命运的夹缝中找到了。他成了不屈服于命运的人，第一次掌握了自己的命运。他相信，人具有决定自己幸福与命运的能力。

姐姐拉着杨培强走在田埂上。这个长江之滨的小村，有着别样的水乡景致。水乡的人都起得特别早。一般人早起后喜欢迎江看日出，杨培强却最喜欢看已经升起的红日，因为那是一天中最精彩的景象。有红日的早晨也是水乡最美的早晨。

日未出，江水波澜不惊，衬托着蓝得耀眼的天空，怎么看都好看，让人心动。《尚书·君陈》言："必有忍，其乃有济；有容，德乃大。"现代心理学认为，五至七岁是人性格形成的关键时期，此时的心理积淀将形成一种定势，成为影响个体性格和行为特征的重要因素。幼年时期的经历，对杨培强敏感性格的形成，无疑有着至关重要的作用。

姐弟俩手拉着手走进了学校。姐姐虽然上三年级了，但是他们却坐在同一个教室里。学校不大，教师办公室占了一间，还有一间就是教室，挤了三个年级的学生。学校门前的空地就是操场了。

一年级在教室左边，二年级在中间，三年级在右边。老师只有两位。在村里，上学其实是很简单的，只要老师同意，孩子就可以来上学，可以作为"插班生"，跟着上一、二年级都行。通常情况下，老师先上三年级的课，再上二年级、一年级的课。低年级的辅导由高年级的学生来完成，这是当时教学资源紧缺时不得已而采取的一种方法。在这样的情况下，杨培强在上一年级的时候，也等于是在上二年级、三年级了。

杨培强是全校年龄最小的一个，他觉得上学很是新鲜好玩。天生顽皮好动的杨培强，原来在家中也就是自己玩玩，而现在一下子有三十多个同学和他一起玩，他是多么的开心啊。上课时，他不讲话。他有个特点，不管听得懂还是听不懂，都从头到尾认真听老师讲。

过了几天，杨培强已经完全融入新的环境。上学时，他和村里小伙伴们一起搭伴；下课了，他与同学们一起嬉戏、打闹；放学了，他与小伙伴们一起打猪草。杨培强割草特别快，一会儿就能割一篮子。他继续帮着姐姐割草，但是，旁边一个同学就悄悄地从他篮子里拿走一把草。杨培强只顾低头割草，根本就不知道。可是，割了一会儿，篮子总是装不满，而旁边的几个同学在偷偷地捂着嘴发笑呢。杨培强一看身旁同学的篮子里草堆得满满的，就明白是怎么回事了，一气之下，他将那个同学篮子里的草全部倒在地上。

那个同学像是发疯一样，直接抱着杨培强就打了起来。旁边的几个同学显得十分兴奋，都跟着叫喊起来："好！好！好！加油！加油！"在远处的姐姐看到了，立即奔了过来，一边拉架，一边护着杨培强，站在他们中间，将杨培强挡在身后。那个同学见状，才停止了动作。杨培强说："不要脸，偷我猪草。"那个同学说："这里的猪草都是我们的。"

姐姐拿起猪草篮子，拉着杨培强往家里走。杨培强犟着不肯回家。姐姐一下子急得哭了起来，说道：“回家吧，回家。你这样爸妈会伤心的。你懂吗？”

姐姐拉着杨培强跌跌撞撞地走着，后面的学生再次发出起哄的声音。杨培强看到姐姐流下了泪水。他幼小的心灵第一次知道了委屈是多么痛苦，这种痛苦是无法可说并且无处可说的。

回到家中，听了姐姐的诉说后，爸爸气得打了杨培强一个巴掌，打得杨培强大声痛哭起来。他本来想得到父母的安慰，心里好受些，这一打他真的是糊涂了，真的不明白，为什么爸爸要打他？他的哭声惊动了老单。老单赶紧跑了过来，责怪道：“你不要拿孩子出气啊，这事培强没错。”爸爸说：“我也知道他没错，可是……”老单说：“孩子还小，不要怪孩子。”

老单替杨培强擦掉了泪，说：“不要哭了，要记住，想要别人不欺负你，就必须自己腰杆子硬起来。”

爸爸说：“你从现在起什么也不要做，只管学习，好好学习。”

妈妈说：“我们两口子竭尽全力来供你读书。”

爸爸说：“是的，越穷越要读书，只有读书才能改变命运。”

从此，在学校里，杨培强不太与别人讲话了。上课时，他认真听老师讲，不懂也听，反正是听；三年级的听，二年级的听，一年级的也听。其他人上学是从低年级开始，而杨培强上学却是从高年级开始的。下课时，他坐在一块高地上，与姐姐一起向远处观望，往小河里扔小土块，一块一块地扔。一圈又一圈的涟漪，犹如一朵朵美丽的花，在他心中荡漾开来。

放学回家后，他只在家里帮着妈妈做些力所能及的家务。姐姐打了猪草背回来，他帮着从姐姐身上取下，跑到猪圈边，喂给猪吃。

晚上，在油灯下，杨培强认真地写着家庭作业。作业做好了，他对姐姐说："把你的作业也给我做做吧。"姐姐说："我这是三年级的，你能做吗？"杨培强说："我会做的。"姐姐将作业题给了杨培强。杨培强做完给姐姐，姐姐接过一看，惊讶地说："啊，全对！你是怎么学的？"杨培强说："课堂上学的啊。老师教你们的时候，我也在听，也在看，所以就会了。"

杨培强上一年级的时候，已经有精力听老师讲二年级的课了。等到学期结束时，他的成绩总是在班上名列前茅，总能拿回奖状。童年的杨培强是淘气和富有个性的。那一次，他与打猪草的孩子打架，尽管有理，但还是受到了极大的委屈，连父母都跟着受了气。他的内心还是不服输，想去找那孩子的家长讲理，却没能如愿。当他拿到奖状后，就故意走到那个同学家门口，让他的父母看奖状，或者自己拿在手里展示。这是受了委屈后的宣泄，也是不甘罢休的无声挑战。

这就是杨培强的性格，他既拥有很强的自控能力，又永不服输，有不达目的誓不罢休的雄心。这种性格跟他的年龄不相匹配，它是特定时代、特定环境与特定家庭相互影响所形成的一种特殊性格。而这种特殊性格，决定了他的行为方式与人生走向。

在村小学上了几年学后，十一岁那年，杨培强到镇里的初中部学习。到了初中部，情况已经完全不同了。衣服、学习用品与文化生活等方面的条件，杨培强更是无法与镇里的孩子相比。杨培强最怕的是美术课，因为他没有水彩和颜料。那种指头大小的十二色硬块水彩，一块也得一毛钱，可是他没钱，也不好意思向爸爸妈妈开口要钱。那些色彩，曾经是杨培强心中强烈的向往。每次上美术课，他只得端正地坐着，看同学们认认真真地调色、画画。后来他就找个借口离开教室，带着一本数学书到操场的一角，或者在树荫下看书，不到下课绝不回去。每到要交美术作业时，美术老师便将教案纸递给他看。他就向同学借一支笔，快快地画好，交给老师。老师知道他的情况，谅解他家的贫寒，都会给他及格的分数。

如果说小学阶段是懵懂的，那么中学阶段就是人生的一个关键阶段。中学阶段，有些人生观也慢慢形成了。中学犹如一个小小的社会，贫富差别已经显示出来了，从穿着、吃饭上都已经能看出一个学生家庭的贫富了。在这种环境下，一个家境不好的孩子容易有两种心理倾向：一是极度自卑，将自己封闭起来，不与外界交往，更不愿意与别人交谈，不愿将家中的事告诉别人；二是非常要强，与命运抗衡，有一种不服输的积极精神，有强烈的表现欲与征服欲。杨培强属于后者，但是他又不爱表现，而选择了一种埋在心里的、静水流深式的竞争方式。他敏感而好胜心强，想方设法改变自己的处境。每次上音乐课的时候，他的嗓门总是最大，唱得又好又准，赢得了老师和同学们的另眼相看，于是他唱得更加卖力。班上或者学校要举办文艺节目了，就是他出头露面的时候到了。用他后来的话说，这是花了最小的投入，得到了最大的回报。

初中阶段，他在经济上是贫困的，但精神生活却是十分丰富的。他深深地感到，努力是可以改变生存环境的，更能改变人们对你的态度。

正当杨培强取得“初步胜利”时，1978年，杨培强姐姐考上了一所中专学校。对于一个农家子女来说，这真的是跳出农门了。全家人一直处于兴奋之中，杨培强爸爸召开了一个家庭会议。他首先说的是，读书是有用的，国家现在需要人才，我们农民终于可以通过学习改变命运了。就在这个家庭会议上，爸爸决定让杨培强转到另一所教学质量比较好的中学去学习，并且由姐姐负责杨培强的课外复习指导。

杨培强刚刚在学校立足又要换到另一所学校，心理上接受不了。他很不情愿地告诉爸爸，他不愿意调换学校。可是，爸爸是个认死理的人，认定了只有读书才能有出息。可是杨培强不能理解爸爸的良苦用心。

爸爸气不打一处来，说道：“如果你不换学校，就别上学了，回家卖菜去，回家打猪草去。”

杨培强说：“回家就回家，反正我也不想上学了。与其在学校被人看不起，还不如早点回家呢。”

爸爸气得顺手拿起身边的扫把要打杨培强。妈妈拦着说道：“从前日子不好过的时候，也没像现在这样。你们就不能好好说，好好商量吗？”

听到争吵声，老单赶了过来，一看架势就知道是什么事了。他劝杨培强爸爸：“你别急嘛，有话慢慢说。举手不打过头儿，培强都这么大了，你还打他，这就是你的不对了。”

爸爸余气未消地说："这个没出息的，没他姐姐有用。"

老单说："你别这样说，我一直觉得培强是很聪明的。"说完，拉着杨培强说："走，到我家去坐坐。"

进了老单家低矮的草屋，老单给杨培强倒了一杯水，说道："培强，我们两家的关系你也清楚，都是在对方最需要帮助的时候，同时也是自己最困难的时候给予对方帮助。这是人间最真诚的情谊。可是，生存不容易，你爸爸让你换个好学校读书，就是为了你能考上大学，将来有个出头之日，也好在村里人面前扬眉吐气。"

杨培强说："我好不容易在班里有了起色，又要我调换学校，调来调去还不是一样吗？"

老单"哈哈哈"笑了起来，说道："你这是目光短浅。"

杨培强不理解地望着老单。老单继续说："你现在只是短暂地、一时地得到了别人的尊重，但是要真正得到别人的尊重，而且是长久的尊重，就必须自己强大起来。这个社会尊重有本事的人。而你目前唯一能证明自己有本事的办法就是考上大学，彻底改变自己的命运。"

杨培强说："可是，爸爸让我转的那个学校还要考试才能进，万一我考不上就丢人了。"

老单说："你不考怎么知道考不上呢？"

杨培强说："我自己的成绩我自己知道。"

老单说："你也许不知道别人比你更差呢。"

杨培强说："这个我没想过。"

老单说："这几天让你姐帮你复习复习，再努力一下，考上就换学校，考不上就不换，行不行？”

杨培强说：“好的，行。”

这次迎考，镇上许多学生的家长都为孩子请了家教老师，还有的孩子上了补习班。可是，杨培强家经济困难，上不起补习班，更请不起家教。晚上，姐姐帮助杨培强复习功课。姐姐认真教，杨培强认真学。爸爸从门缝里偷看着他们学习的情况，悄悄地把门关上了，然后又悄悄地走到妈妈身边，高兴地说：“他们在认真复习呢。”

妈妈说：“你就放心吧，不要做偷偷摸摸的事了。”

爸爸说：“我就是不放心儿子，女儿我是放心的。”

妈妈说：“你就好好地在房里歇歇吧。我出去一下。”

爸爸说：“这么晚了，你去哪儿？”

妈妈说：“我去鸡窝里拿鸡蛋，给他们姐弟俩下碗鸡蛋面条，让他们补补。”

爸爸说：“你歇着，我去拿，面条我下。”

妈妈说：“你不生儿子的气了？”

爸爸说：“只要他好好学习，我就不生气了。”

厨房里，杨培强爸爸下着面条；房间里，姐弟俩在认真地复习。一会儿，爸爸妈妈每人端着一碗热气腾腾的鸡蛋面条，分别放到了姐弟俩面前。

一股香味扑进姐弟俩的鼻子，一下子就让他们觉得饿了。杨培强拿起筷子夹起面条，送到嘴边时，突然停下了。爸爸问道：“怎么不吃了，是不是做得不好吃？”

杨培强什么也没说，站了起来，从厨房里拿来了两个碗和两双筷子，将两碗面分成了四碗面，四个鸡蛋正好一人一个。他说："爸爸妈妈，你们辛苦了一辈子，我们要一起吃。"妈妈说："孩子，你们学习需要动脑子，你们吃，我们不饿。"杨培强说："如果爸爸妈妈不吃，我们也不吃。"爸爸说："好好好，我们一起吃，一起吃。"

四人坐下一起吃着面条。杨培强猛然间深切地懂得了：正是靠着这种伟大的亲情，生活贫困的人们，才一代一代延续到了现在。

杨培强说："爸爸，今天吃得特别的香。"

爸爸说："你们早点睡。"

杨培强说："我们知道。爸爸妈妈你们早点去睡吧，我们再学一会儿。"

考试成绩公布了，杨培强得了八十二分，名列榜首。拿到成绩单时，杨培强自己都不敢相信这是真的。他一直认为自己处于劣势，结果竟然获得了第一名，这说明自己根本就不差，而是一种自卑心理在作怪，是自己看不起自己。这都是长期家贫造成的，穷则丧志，一点儿都不错。杨培强想起了老单的那句"别人比你更差呢"。从那时起，杨培强深深地感到，人穷不能志短，人穷更要立志，一个人的志向不在于是穷是富，而在于内心的强大。

还有一点更让他感到了成功的喜悦，那就是爸爸走在街上时，总是有人主动与爸爸打招呼，并且都说着同样一句话："恭喜啊，你家儿子真聪明，全镇第一名，不容易啊。"杨培强爸爸总是笑笑，说道："谢谢。"杨培强发现爸爸从未有过这样的笑容，这是发自内心的一种自豪。爸爸回到家对杨培强说："如果你爷爷还在世，不知道会有多么高兴啊！"

贫穷的生活见证了杨培强家多年来所受的创伤和艰辛，长期郁结于心的惆怅从此释放了。后来杨培强回忆这次考取第一名的感受是，人的潜力是无限的，这次考试彻底改变了他的人生，成了他的人生转折点，也让他确定了人生方向。学习可以改变人生，改变命运，让人更加有尊严。在人生的道路上，一次成功，往往就能够改变一个人的人生走向与命运。

一天早晨，妈妈掏出一个小布包，慢慢地、一层一层地打开。两张一斤的上海市粮票，还有八张一元的红票，五角、二角、一角各两张，共计两斤粮票和九元六角钱。妈妈说："儿子，你今天就要去新学校读书了，这是你第一次离开家独立生活，在外面要学会照顾自己，跟同学们要好好相处。这些钱和粮票是妈妈平时省下的，你在急需的时候可以去买点吃的。你现在是长身体的时候，千万别饿着。"杨培强推开妈妈的手说："妈，你收起来，我一个人好解决。"

爸爸走过来，说道："培强，你把钱和粮票收好，不便时用得上。到了学校不要与别人争，只要把学习成绩搞上去，比什么都重要。"

杨培强说："爸爸，你放心，我一定会的。不过钱和粮票还是留下来，家里也很困难。我一个人好对付。"

杨培强身背破被子，爸爸妈妈陪在左右，走上通往学校的田埂。到了田埂的尽头，爸爸妈妈站在那儿看着儿子的背影。杨培强回过头来向爸爸妈妈挥挥手，说："你们回去吧。"

爸爸向杨培强挥着手，妈妈说：“路上小心，铺好床，别冻着。”

杨培强倒退着走，向着爸妈挥手，而后一个转身健步向前走去了。爸爸妈妈看着儿子背后的破被子，直到儿子的背影远去，才往回走。

到了宿舍，杨培强被分在上铺。他放好行李，摸了摸床板，然后打开被子，一层一层地放开。突然，他在被子中发现了一个小布包，打开一看，里面是九元六角钱和两斤粮票，这是妈妈趁他不注意塞到被子里的。杨培强将小布包紧紧地捏在手里，流下了两行泪水，暗暗下了决心：妈妈，学不成我绝不还，学不成我对不起您啊。他明白，只有优异的成绩才是对父母最好的报答。

杨培强是一直怀着异常激动的心情，在这所中学读书的。可是在新的学校中，他的衣着显得有些寒酸，与其他人的对比鲜明。然而最可怕的还是饥饿的折磨。同时，因为住校生急剧增多，学校的伙食也发生了变化。有钱人家的学生吃得较好些，而困难家庭的学生吃得较差些。杨培强交不起每月四五元钱的伙食费，有时甚至连五分钱的清水煮萝卜也吃不起。

杨培强时常饿得发晕，饿得发疯，饿得绝望，感到自己的生命似乎到了最后时刻。他曾几次拿出带有自己体温的、妈妈暗中塞给他的那个小布包，在手里捏了捏，然后又放进了衣袋里。事实上，饥饿是他当时的生活常态，无时无刻不在提醒着他超越自我，更成了他人生的强大动力。特别还有妈妈给的那个小布包，那不是一个简简单单的小布包，而是妈妈的叮咛，是妈妈无声的嘱咐，是妈妈心中的希望，更是全家人的希望。

尽管物质条件对比鲜明，但杨培强在经受了歧视和冷遇的时候，也得到了温暖和友谊，许多同学都向他伸出热情援助的手。他已经摆脱了以往那种强烈的自卑感和屈辱感，而且在不断努力学习中，获得了精神上的超越。

夜晚，杨培强喜欢一个人在操场的一角看书学习，而且可以自己分析、理解。因为担心学不好，更担心落后于人，他不断给自己增加压力。除了书本知识要弄懂、弄通，他还向同学们借了大量的书来阅读，谁有好书他就向谁借，他成了班上最博览群书的人，他的视野比同学们开阔得多。学习累了，他仰望天空，竟有些兴奋，站在学校的操场上，遥望夜空中如织的繁星，寻找着哪颗星是属于自己的。

杨培强刚开始只是数学在全班保持着第一，渐渐地，他的物理和化学成绩都提升了起来。他的成绩开始在班上名列前茅，而且是各科成绩都优秀。因此，他得到了一些学生的尊重，有许多同学愿意与他交朋友，并且主动借给他学习用品、书籍，甚至还把零食送给他吃。杨培强感到了知识的力量，感到了学习能改变一切。

青少年心理学家说，好孩子是夸出来的。确实，对于身心都在成长中的青少年而言，夸奖更能激发他们的潜力。那时的中学师生，都认为这个衣服很旧、吃不饱、年龄最小的杨培强是“学习王”，虽然他穷，但他就是爱学习，就是有知识。这种久而久之的夸奖，不断鼓励着杨培强，他的潜力源源不断地被激发出来，他学习更加用功、投入了，不断向着高峰攀登。

杨培强在学校期间给人们留下的最深刻的印象就是，他肚子里没有粮食，但是，他如饥似渴地吞食着所能找到的一切精神食粮，抓住一切机会看书学习，用知识来填饱肚子。这样一来，他的学习成绩当然出类拔萃。班主任意识到了杨培强身上有一股子精神，这种精神是无法阻挡的，就像一团火熊熊燃烧。

1981年7月，杨培强以全镇第一的成绩超过了大学的录取分数线。填报志愿时，他毅然填报了上海师范学院（现为上海师范大学）。当天晚上，他把一直藏在身上的、妈妈给他的那个布包拿出来递给妈妈。妈妈不知道是什么，惊奇地望着儿子，但是又感到好像在哪儿见到过这个小布包。妈妈一层一层地打开，当年她给儿子的九元六角钱和两斤粮票原封未动。妈妈望着儿子，好半天才吐出几个字："你一直没有用？"

杨培强说："我没舍得用。"

妈妈问："为什么不用？"

杨培强说："你和爸爸在家很苦，我用了会感到心痛。"

妈妈流下了泪水，哭喊着："儿啊，这几年你是怎么熬过来的啊！"

杨培强替妈妈抹去泪水，说道："这不是过得很好吗？妈，过去的已经过去了，我们应该朝前看。"

妈妈说："孩子，你受苦了。把这些钱和粮票带到大学去用吧。"

杨培强说："妈，我填报的是师范学校，费用全免。"

在等录取通知书的那段时间里，杨培强扛着锄头与爸爸一起下地，走在路上的时候，村民跟他们打着招呼。杨培强爸爸感到了从未有过的自豪。而在他们的身后，有人议论说：这孩子真的懂事，考上大学了，还种田，人家教子有方啊。还有人说：穷人的孩子早当家。每当听到这些，杨培强心中都有一种说不出的高兴和喜悦。因为，这个家经不起折腾，爸爸从来都是小心翼翼地过日子。而今，爸爸终于得到了人们的称赞，爸爸的腰杆也挺直了。

录取通知书到了。杨培强家沸腾了，老单一家沸腾了，全村都沸腾了。一些村民来到杨培强家，传阅着录取通知书，高兴、兴奋之情挂在全村人的脸上。村民议论开了：我们村终于出了大学生了；杨培强为村里孩子带了个好头；培强从此是国家的人了，吃国家粮了。杨培强爸爸更是乐在脸上、喜在心里，他拿出准备好的糖、烟招待村民。

在当时的情况下，农家子弟考上大学，意味着“鲤鱼跳龙门”，有了更广阔的天地；意味着能拿到国家的学习补贴，再也不要为生活发愁；意味着吃上“国库粮”，四年毕业后成为国家干部，成为腰板硬实的城里人。

村支部书记来到杨培强家，拉着杨培强的手，上下打量着杨培强：“不简单，真的不简单啊！小伙子才十六岁，就考上了大学，为我们村争了光。我代表村党支部谢谢你，代表全体村民谢谢你！”然后，村支部书记转过身对在场的村民说：“杨培强是恢复高考以来，我们村的第一个大学生。这是我们村的光荣。将来我们村要出更多的大学生，为家乡的建设做贡献。这是我们全村人的大喜事！”

杨培强家院子里爆发出热烈的掌声。

这么多年来，杨培强家第一次有这么多的人来。杨培强妈妈乐得合不拢嘴，忙着招呼村民们喝茶、吃糖。

晚上，热闹了一天的杨家终于静了下来，老单来请杨培强全家一起吃饭。杨培强爸爸拉着老单的手说："你太客气了，你们也不富裕，还是省省钱吧。"

老单说："不行，再穷，这顿饭也一定要吃，一定要请培强吃！"

爸爸说："这样大喜的日子，应该是我们家请你们吃饭的。"

老单说："谁请都一样。我为培强高兴啊，为你有这样一个好儿子高兴啊！"

爸爸说："可是我们家太穷了。儿子长大了，上大学了，大学可不比中学。培强连一件像样的衣服都做不起。"

老单说："这个你放心，我这儿还有一点儿存钱，明天就给培强做几件衣服去。"

杨培强就要到上海师范学院报到了。他憧憬着上大学的情景，开始设计与规划人生道路，总之有一条他是铁了心的，那就是不管在什么情况下都必须认真学习，学无止境。爸爸妈妈开始准备杨培强去上海上学的行李，村里人也络绎不绝地来看望。

杨培强再次背起了一条被子，一个人踏上了求学之路，在上海师范学院的物理系学习。他来到这个繁华的大都市，没有被繁华所吸引，而是依然保持着中学时代的作风，一有时间就到学校的图书馆看书学习。事物总是一分为二的，好事可以变成坏事，坏事可以变成好事。身无分文，不能外出，但遨游在知识的海洋里，对于杨培强来说是最好的享受。图书馆是他的最好去处。只要是物理学相关的书，他都看。后来，杨培强回忆起这段时期的生活，还高兴地说："没有钱不是问题，只要有书就行。那段时间，我在图书馆了解了很多物理学知识，了解了许多从未听说过的前沿科学知识。当时我还读不懂，但还是继续读，反正没钱去逛街，就泡在图书馆里，想看什么就去拿什么书，十分惬意。”

杨培强在图书馆里还读到了许多时政新闻。《文汇报》《解放日报》他都看，了解政治形势。他对时政的判断，已经超出许多同龄人。在大学期间，他抓住宝贵的时间，不断增加人生知识的储备，形成了稳重、沉着、智慧的性格。在老师和同学们的眼里，他是一个较为特殊的学生，他有自己的个性，有自己的学习方式。

1985年，杨培强大学毕业，被分配到朱家角中学，当了物理老师。这个从小生活困难的老师，深知贫困学子的不易，对班上的贫困生更加关怀，还放弃休息时间为他们补课。同时，他教育这些贫困生如何抓住青春时光认真读书，懂得读书与丰富阅历是为了更好地创造未来、发展自己。

不久，杨培强担任了班主任的工作。他思考着，任何人都不能在真空中生活，他自己更是如此。杨培强是从底层一步一步成长起来的草根奋斗者，工作的同时，还花更多的精力和时间来加强自身的学习。在他的心中，又有了一个更大的目标。

他准备参加研究生考试。

第三章　初　梦

命运有时候就如同乌云压顶一般令你不能喘息，只能任其摆布；命运有时候又很弱小，当你性格中坚强执着的那部分爆发时，它就像一条温顺的小狗一样任凭你指挥。在沉郁的生活中如何崛起，在灰暗的现实面前如何让自己的眼睛迸发出色彩？这是值得深思的问题。

1990年7月，担任了五年中学物理老师的杨培强考取了研究生，被华东师范大学核磁共振专业录取了。

好好的中学老师不当，又要去大学学习了。第一个不理解的是爸爸。从困难生活走过来的爸爸说他是穷折腾，有一份稳定的中学老师工作，对一个世代农民家庭来说已经算是很不错了，怎么又要去上学呢？

杨培强能够理解爸爸的心情，但是他心中的理想和目标爸爸却不能理解，他想这是正常的。上学那天早上，晨曦的色彩真的很美。蓝天白云，白云被镀上一层绯红，像女子羞涩的面颊。妈妈要送杨培强去上学，说要陪儿子走会儿。娘儿俩行走在朱家角的街上。有人称赞杨培强，有人想不通杨培强为什么有好工作不做。

妈妈说："我听人家说学习是艰辛的、痛苦的。你怎么有了工作还考什么生？"

杨培强说："那是研究生，是搞科学研究的。"

妈妈说："妈妈不懂。你学习，妈妈支持你。但是，你到了学校，一定要注意身体。现在生活富起来了，你一定要多吃点。"

杨培强说："妈，你放心，那么苦的日子咱们都熬过来了。你在家也要好好照顾自己。”

妈妈说：“人生真是无常啊。原本生活安定，可你又要离家了。”

杨培强说：“妈妈，儿这次离家与上次不同，我这是去深造。”

妈妈说：“我不懂你那些，不管你将来学到什么程度，你一定不要忘了自己的根，不要忘了家。在社会上要懂得报恩，帮助过我们的人你都要记在心里，有机会报答人家。”

杨培强说：“妈妈，你放心，我会的。”

杨培强坐上了开往上海市区的汽车，在车内向妈妈招手。

人生无常，对于渴望安稳和永恒的人来说，无常是痛苦的，是人生的坎坷。其实人生的本质就是不安，或追忆，或幻想，一直都在忙碌着，未曾停歇过。这种因为时代的发展与个人知识的增长而带来的不安，从某种方面来说，也是人生自找苦吃。贫穷是一种苦，学习和追求知识也是一种苦，但这种苦是乐在其中的，是追求梦想的路上的苦，让人感觉苦并快乐着。

在华东师范大学，杨培强的导师是黄永仁，导师的导师是瑞士联邦理工学院的恩斯特教授。恩斯特是获得过诺贝尔奖的科学家。对于中学物理教师杨培强来说，仅这些名字就使他感到神圣和敬仰，过去这些名字他只能在报纸、杂志上看到，他只能读他们的学术报告，他们曾经是他的偶像。杨培强再次感到了知识的力量，是知识把他送到了导师面前，是知识拉近了他与科学的距离。

在导师的工作室里，悬挂着一张诺贝尔的巨幅画像。杨培强站在画像前久久地沉思着。诺贝尔这位瑞典的化学家、工程师、发明家、军工装备制造商和炸药发明者，生前拥有博福斯公司。博福斯公司有350多年历史，此前主要生产钢铁。诺贝尔掌握博福斯后，把公司主要产品改为军工产品。在第二次世界大战中，该公司多项产品曾被授权多国生产，并受军队广泛好评。诺贝尔一生拥有355项发明专利，并在欧、美等五大洲20个国家开设了约100家公司和工厂，积累了巨额财富。在逝世的前一年，他立下遗嘱，将其遗产的大部分（约920万美元）设为基金，将每年所得利息分为5份，设立物理、化学、生理学或医学、文学、和平5个奖项（即诺贝尔奖），授予世界各国在这些领域为人类做出重大贡献的人。

杨培强心潮澎湃。办自己的公司，用科学创造财富，再设立奖项，奖励科研人才，这就是诺贝尔，他设立了全球最高的科学奖啊。杨培强站在科学巨人诺贝尔面前，久久凝视着诺贝尔的画像，仿佛自己走在了科学的路上，仿佛自己离科学的距离又近了一大步。

黄永仁走了进来，看到了杨培强站在诺贝尔的画像前沉思。黄永仁没有惊动他，而是不声不响地站在他的身后。杨培强转过身来，发现了黄永仁。黄永仁望着杨培强，问道："看到了诺贝尔，你有何想法？"

杨培强说："我上中学的时候就听到过诺贝尔的名字，当时觉得他是一位非常神秘的、了不起的科学家。上大学时我更敬佩他，但觉得遥不可及。现在，我好像离他近了一些。"

黄永仁说："但是，你的科学之路才刚刚开始。这么多年来，我们中国总是跟在别人后面搞科研、搞发明，其实我们中国人不比外国人差，只是缺少一种科研的精神。如果一个人执着地一生只做一件事，那一定会成功的。”

杨培强说：“一个人一生只做一件事？”

黄永仁说：“是的。人和人都是一样的，都是一个脑袋，别人能做到的，我们肯定也能做到。不过在科学的道路上，你要做好思想准备，那是一条十分艰辛的路。”

杨培强说：“那我们的低场核磁共振是研究什么？”

黄永仁望了望杨培强，说：“你问得好啊。低场核磁共振能解决我们各个科技领域分析方面的很多问题。目前这项技术全部掌握在外国人手里啊。”

杨培强问：“难道我们就搞不出来？”

黄永仁说：“现在我们的高校想搞一台教学使用的低场核磁共振仪器都不行。我们现在只能学习理论，还不能上实践课。”

从此，杨培强在导师的指导下，捧着一本本厚厚的理论书籍啃了起来。他走进图书馆，走进新华书店，购买了大量与核磁有关的书籍。

科学无儿戏。人们往往会沉醉在成功的荣誉中不能自已，但得到荣誉的过程是艰辛的过程。要想越过艰辛的科研海洋，就必须有足够的知识和智慧，还要有一种敢于失败的精神，敢于面对一切挫折的心理承受能力。

杨培强就是这样的。他已经尝到了学习的甜头，他就是从学习中一步一步走出来的，他对学习有着更深的理解。如果说过去他学习是为了改变个人、家庭的命运，那么如今他是研究生了，面对的是科学的高峰，是为了给国家争光了。

杨培强抱着一叠书走到华东师范大学门口。突然，他听到有人在背后喊他。杨培强扭头一看，刘利荣正看着他，向他招手呢。

杨培强三步并作两步走到了刘利荣面前："利荣，你怎么来了？"

刘利荣说："我今天到上海出差，顺便看看你，请你去打打牙祭。"

刘利荣是杨培强儿时的朋友，在青浦朱家角镇一起长大。刘利荣从技校毕业后，被安排进了朱家角镇供电所工作，做了一名电工。电工在集镇上是十分体面的工作，有稳定的收入，衣食无忧。

他们来到了校门口不远的一家小饭店。两人刚坐下，刘利荣点菜，杨培强却拿出书看了起来。

刘利荣看了看杨培强，然后一笑，说："你这个习惯还没改，就是喜欢看书。"

杨培强放下书，说："你知道有一个科学名词叫'低场核磁共振'吗？"

刘利荣说："我一个小小的电工，不懂你这个研究生研究什么，更不懂你刚才说的什么什么共振——"

杨培强说："是低场核磁共振。"

刘利荣说："我不懂你说的，你学问高。"

杨培强说："这是世界性的前沿科学。现在外国人掌握了这项技术，就是不肯公开，垄断了技术。"

刘利荣问道："有这么严重？"

杨培强说："是啊。我的导师一直在研究，还没有研究出解决技术难题的方法。”

刘利荣说：“那我们搞吧。”

杨培强说：“我们搞？怎么搞啊？”

刘利荣说：“中国人的脑袋不比外国人差，我们有我们的工匠精神。事情总是人做出来的嘛。”

杨培强说：“这是科学，不是用力气能解决的，是要用知识和智慧解决的。”

刘利荣说：“如果有什么需要帮忙，你就说一声，我一定会倾力相助。”

杨培强说：“你刚才说我们的脑袋不比外国人差，对，说得对。毛泽东说得好啊，‘独立自主，自力更生’，对，我们有工匠精神。来，干一杯。”

两人举起了杯，将酒杯碰到了一起，发出清脆的声响，然后一饮而尽。

在学习上，杨培强依然是起早睡晚，不停在学校图书馆、新华书店、上海市图书馆之间奔波，查阅资料，做记录。知识就是这样一点一点积累增加的。他在图书馆里看书，常常忘记了回去的时间，管理员下班时催着他，他才走出图书馆。有几次他到图书馆看书，管理员早就把新到的有关低场核磁共振的书籍放到了他手边。原来，管理员已经认识他，只要与低场核磁共振相关的书，都给他预备好了。

在读研期间，不论外界发生怎样的变化，杨培强内心总是被低场核磁共振占据着，他对一切有关低场核磁共振的资料都有兴趣，已经到了着迷的境界。

逝者如斯，不舍昼夜。杨培强将全部身心都用在了低场核磁共振的理论学习上，那时只有理论学习，没有实践，主要是没有机器让他实践。这使他感到十分的苦恼，本来就很枯燥的理论变得更加枯燥无味，有时这枯燥无味的理论弄得他思绪都乱了。人活着到底是为了什么？是留恋大城市的繁华，还是追逐那些虚无缥缈的灯红酒绿？是追求日益丰富的物质享受，还是穿梭在闪烁的霓虹灯下？难道仅仅是为了一种简单的存在？忙碌和散乱的心，似乎无法找到准确答案。

这世间，这风尘，这漫无边际的思绪，是否已经无处安放？为了心中的梦想，杨培强辗转在各个有关低场核磁共振的场合，从不放弃一次学习的机会，无论是学术讨论，还是读书。十分有自尊心的杨培强是不愿意去听恩斯特讲课的，一是因为恩斯特讲的全是理论知识，二是因为杨培强接受不了外国人的傲慢。但是，为了知识，为了中国能够早日掌握低场核磁共振技术，他还是去听了。他明白一个道理，如果想让中国的低场核磁共振技术在世界上占有一席之地，首先就必须了解竞争对手是谁，然后才能超越竞争对手，打败竞争对手。

有人喜欢欣赏路边的美景，有人喜欢踏着野草地上长出的鲜花，有人喜欢在淅沥的雨中淋湿自己，有人却背起行囊不畏艰难努力前行。杨培强觉得经历寒冬后的鲜花更鲜艳，经历风雨后的彩虹更美丽，尽管他当时还不知道这样奋斗下去的结果是什么。

谁又能想到，一个一心想要在核磁共振领域大显身手的人，却还没有进行过实践操作，只有理论知识？但是，有一点他是清楚的，低场核磁共振技术将来一定是引领科技前沿的技术。杨培强读研期间，这项技术一直被外国控制着。中国需要这方面的服务，只能请外国人来检查测试，或者带着需要检测的物品前去国外的机构进行检查测试。在外国人面前，中国人就像小学生一样，听从外国人摆布使唤。这一切，都是因为外国人掌握了低场核磁共振技术。每当看到这些、听到这些，杨培强都急在心中。对于一个过惯了贫困日子、从田埂上走出来的农民来说，看到大把大把的外汇流到外国人的腰包里，是非常心痛的。更令杨培强气愤的是，外国人从来不让中国人学到真正的低场核磁共振技术。

黄永仁导师对杨培强说："这个世界上没有谁会把自己付出高昂代价研究出的技术白送给咱们、硬塞给咱们的，人家用这项技术先赚得盆满钵满，等他们有了更先进的、可以代替的技术和产品后，就把这被淘汰的技术和产品再高价出售给其他国家，人家正待价而沽呢，一旦中国在这方面远远落后于人家，人家的技术和产品就奇货可居了，这是我最忧虑的啊。"

黄永仁导师所担心的与杨培强担心的不同。杨培强是出于一种争气的态度，一种争强好胜的心理，一种不服输的心情，这源于他骨子里流淌着的中华民族的血。而黄永仁担忧的其实是另一种低场核磁共振战。言谈中，杨培强不时捕捉到导师脸上掠过的忧色。导师的语气着急了："我们最担忧的是国外大公司，他们广泛搜集了我国各类地产资料和资源，并对其进行挖掘和申请专利，而且还是我们中国人自己送给人家的，这是多么的可悲啊！这样的话，我国低场核磁共振专家以后如果要对这些材料进行科学研究，就得向他们支付巨额的知识产权费。一旦低场核磁共振技术市场化了，我们的资源被外国大公司控制，国家的宝贵财富就会真正受到威胁，人家动不动就可以掐我们的脖子，唉……”

那一声“唉”的叹息，虽然很轻，却打动了杨培强的心，让他全身颤抖了一下。

黄永仁深深望了一眼杨培强，继续说道：“国家花了大量的经费培养科研工作者和科学家。还有许多有良知的科学家，他们放弃了国外优厚的待遇，回到国内，用所学的技术反哺家乡的这片土地，他们的确是在国际竞争的紧迫感和责任感驱使下做出了这样的抉择。若从低场核磁共振研究方面看，目前我国还处在劣势，国外又一直封锁这项技术。若从起步看，国外对这项技术的研发应用比中国先进多了，我们不能不承认，只有承认了，才能实事求是地奋起追赶。我国对这项技术的研究才处于起步阶段，随着社会的不断发展，低场核磁共振技术会是大势所趋，势不可当，我们不能说没有危机感、紧迫感。”

回去的路上，杨培强的心情十分不安，他才知道低场核磁共振技术有着这样大的意义。导师的一席话，说的已经不仅仅是技术的问题了，而是一个国家、民族的尊严。国际低场核磁共振技术激烈的竞争态势，又何尝不是国家面临的忧患？杨培强同时也感到，好像这副重担就到了自己的肩上，好像自己就应该挑起这副重担。

杨培强心事重重，想抢占这一领域的国际制高点。要让这句话不流于空话、大话，就要付出实际的努力和牺牲。今天导师讲的话，表面上看起来是大话，其实都是语重心长的心里话，一个没有民族气节的人是讲不出这样的话的。这就是一个科学工作者的责任和良知。

杨培强对低场核磁共振技术到了着迷的程度，太多的迷恋，太多的追求，心灵的震颤，往往湮没了灵魂深处那一声呼喊。看到马路上来来往往、匆匆而过的行人，看到尘世的喧嚣与繁华，留一份淡然与从容，听花开花落的声音，收几分自然与洒脱，或许这才是灵魂真正的需求！这一切的悠闲，对于杨培强来说触手可得。他有一个温馨的家，有一个可爱的儿子和贤惠的妻子，等到研究生毕业就完全可以享受生活了。但他却选择了一条不平坦的科学之路，一条完全凭着知识和智慧去奋斗拼搏的路。

华灯初上，大上海晚上的繁华没有吸引住杨培强，他一路思考一路到了家。打开门时，桌上已经摆满了菜，妻子李向红在厨房忙着。原来，爸爸、妈妈和刘利荣一起来了。妻子边忙边说："回来了？爸妈下午就到了。你去拿酒吧，我还有几个菜烧一下。"

杨培强招呼着爸爸妈妈坐下。

刘利荣说："我带来了一瓶酒。"

杨培强说："你到我这儿来，怎么还带来了酒啊。"

刘利荣说："你喝黄酒，我喝白酒。"

杨培强替大家倒满了酒，然后坐下喝起了酒。可是，他还在想着低场核磁共振的事儿，虽然坐在桌边喝酒、吃菜，却已经心不在焉了。

妈妈发现了杨培强的闷闷不乐，关心地问：“培强，你怎么了，哪儿不舒服吗？”

杨培强愣了愣，说道：“没有，没有啊。妈妈，你吃啊。”

妻子端着一盘菜上桌，接着话说：“妈，你放心，他没病，他是在考虑低场核磁共振的事。”

妈妈问：“什么是低场核磁共振啊？”

妻子说：“他这个研究生就是研究低场核磁共振的。”

爸爸说：“上海中山医院里给病人做的什么核磁共振检查，就是你们研究的吗？”

杨培强说：“那台机器是从国外进口的，人家国外的医院已经不用了，可我们进口回来，还当是先进的技术。病人检查一次需要几千元，一般的病人是检查不起的。”

刘利荣说：“是啊，就检查一下需要这么多的钱，而且还要提前很多天预约，才能轮到检查。”

妈妈说：“培强，你就是研究这个的啊？”

杨培强说：“是啊。你们说的医院用的，那是比较简单的了。还有许多高科技的仪器只有国外有，我们国内还没有，外国人还不给我们，卡着我们。”

刘利荣说：“那我们自己就研究不出来吗？”

杨培强说：“外国人对这方面的技术封锁非常严格，有很多技术，我们根本不知道。”

刘利荣说：“我们就发扬中国的工匠精神，一点一点地攻克。”

杨培强不经意一笑，笑得很复杂，甘苦寸心知。

妈妈说："我看你研究得这么苦，好像人要发痴一样的，你就别再研究了。现在的日子好过了，也不缺钱了，你还不满足吗？这种日子过去我们连想都不敢想的。等你毕业了，在上海找个工作就行了。"

杨培强说："妈妈，这不是工作不工作的事儿。"

爸爸说："依我说，我们老百姓还是安稳过日子，你搞不出那玩意儿就不要搞了。"

杨培强说："你们不懂，这是世界前沿科学，我愿意做一次尝试，来做这个实验。"

刘利荣说："培强，我没你这么高的文化，但我觉得这是一个商机，一个很好的商机。"

杨培强说："这是科学，不是商机，你怎么想到了商机？"

刘利荣说："现在改革开放了，越做得早就越能抢占商机，我认为这是一个极好的商机。"

杨培强说："你的经商意识还挺强的。"

刘利荣说："你刚说的，不管我国花多少钱，外国就是不卖给我们。如果我们自己生产出来，不就能赚一大笔钱么？"

杨培强说："你想生产出来，你怎么生产？连一台样机都没有。现在大学里教学用的，都是最简易的。你要是真能生产出来，国家都要谢谢你了。"

刘利荣说："你可不要一概而论。万有引力是怎么被发现的，不就是苹果从树上掉下后，被牛顿发现了？其实有些科学原理就在我们的生活中，都是很简单的。"

杨培强望着刘利荣举起了酒杯，说道："你的话不无道理，有些科学原理就在我们的生活中，发现了就很简单，可是谁能发现呢？"

刘利荣说："我虽不是什么学者，也不是什么勇士，但是，我可以做个志愿者，为你的低场核磁共振做点儿事，搞搞动手的事儿。"

杨培强说："现在，我们还处在理论研究阶段，因缺少机器，学校的实践课也无法上。"

刘利荣说："我还是认为这就是商机，一个极大的商机，极好的商机，难得的商机。"

杨培强说："你就是想着赚钱。"

刘利荣说："赚钱是动力，不赚钱哪有动力！你有科学技术，我有经商头脑，这是最好的结合。"

杨培强说："八字还没有一撇呢，你就想着赚钱了，也太超前了。"

刘利荣说："你有知识，我有头脑，再也找不到这么好的合作伙伴了。"

杨培强说："不过，你要做好思想准备，成功只有一次，失败却不知有多少次，也许还不能成功。"

刘利荣说："你放心，我有这个心理承受能力的。"

杨培强与刘利荣的酒杯再次举起，碰到了一起，发出了清脆的响声。虽然两杯酒的颜色不一样，但是他俩都一饮而尽。

深夜，窗外高楼上的灯光有许多已经灭了，只剩下星星点点的几处；天空中的月亮被云遮着，时隐时现，告诉人们已是深夜了。杨培强家的灯光还亮着，他正伏在灯下做着笔记呢。

一位科学研究者，对科学的探索和态度都是十分严谨的，一丝不苟的。上海人喜欢吃螃蟹。你看那凶横丑陋、狰狞古怪的螃蟹，每当有人想去捉它时，它就会张牙舞爪，用铁钳一般的两个螯爪夹人，多少年来不知有多少人害怕它、避让它，提到它心中就发怵。但是如果没有那第一个吃螃蟹的人，也许人们至今仍把螃蟹当作害虫，根本就不可能尝到那鲜美的味道。第一个吃螃蟹的人是令人佩服的，不是勇士绝不会吃它。

而此时的杨培强正如第一个吃螃蟹的人，走前人没有走过的路。敢于第一个吃螃蟹的人，首先是敢于豁出生命的勇士。这个勇士有两种可能：一种是快要饿死了，已经到了饥不择食的程度了，快要死的人，自然就什么都敢吃了；另一种就是真的勇士了，是冒着生命危险去尝试的。现在的杨培强当然是属于后者了，他经历过饥饿，懂得饥饿的艰难。但他已经不是因为饥饿而吃螃蟹了，而是为了让别人能吃到美味，他愿意做第一个吃螃蟹的人。这并非一个过时的比喻，而是一种永恒的实验和实证精神。

妻子一觉醒了，杨培强还在看书。妻子劝他早点儿睡，科学研究也不在于这一时一刻。但杨培强争取的就是每一分每一秒。妻子起床给他倒了一杯水，说："即使搞科研也要休息啊，你这样没日没夜的，会把身体搞垮的。"

杨培强说："我心里着急啊。听导师讲了我才知道，科学研究其实就是一个看不见的战场，我们不去占领别人就会去占领。谁先占领了，谁就有主动权。"

妻子说："一切要顺其自然，遵循自然规律和事物发展的潜在规则。”

也许杨培强真的感到累了，他放下手中的笔，喝了一口茶，上床睡觉了。

躺在床上，杨培强望着窗外闪烁的星星，想起培根说过的一句名言：“只有顺从自然，才能驾驭自然。”顺从自然绝非倒行逆施，但也不是消极无为地听天由命，一切任之由之，而应该还有更积极的一种含义，那就是顺势而为，用科学的方式去探寻，主动去发现和利用自然规律。

杨培强所做的一切，就是为了中国的低场核磁共振技术能够在国际上有一席之地，能够插上科学的翅膀。而在这个科学园地里，我国的科学家们一直在努力，一直在呼唤，一直在渴盼。然而如今，真正的科学却频频遭受干扰和质疑。不论外在环境发生了什么样的改变，杨培强总是拥有一颗不灭的心，一颗科技报国的心。他想起了著名作家路遥的诗《祖国到底是什么》：

我曾经不止一次地想过，
祖国，到底是什么？
我想呀，想呀，
每一次想起“祖国”这两个字，
心里便泛起一阵温柔的波浪，
眼里便涌起一片晶莹的泪花，
血管里便奔腾着一股股热血。

祖国是什么?
她是山，是海，
是森林，是草地，
是村庄，是城市，
是莽莽无垠的沙漠，
是绵延起伏的丘陵。

祖国是什么?
她是炊烟，是鸽哨，
是端午的龙舟，
是中秋的火把，
是情人在木栅栏后的热烈亲吻，
是婴儿在摇篮里的咿咿呀呀的呼唤，
是母亲在平底锅上烙出的煎饼，
是父亲在远行时的殷殷叮咛。

祖国是什么?
她是孔子、老子、庄子的思考，
是屈原、李白、陆游的诗，
是韩愈、柳宗元、苏轼的散文，
是李煜、李清照、辛弃疾的词，
是八大山人、郑板桥、齐白石的画，
是米芾、黄山谷、林散之的书法，

是我们先辈中那些最智慧的人的创造，
是我最尊崇的那些大师们的劳绩。

祖国是什么？
她是一次次的屈辱，
她是一次次的抗争，
一次次的失败，
一次次的奋起。
她是战士手中的枪，
志士颈上的血，
是胜利后的狂欢，
是史书上一页页不朽的篇章。

世界上有许多美好的地方，
但是，那里有黄山么，有黄河么，有长江么，有长城么？
有母亲生育我时的衣胞么？
有我一步步艰难跋涉过来的足印么？
有我和我的亲友们都已经习惯了的那些难以尽说的民风民俗么？
有我一开口哼唱就觉得荡气回肠的乡音黄梅戏么？
没有！既然这些都没有，
那么，祖国就是一个不可替代的地方。

祖国，

她是一首唱不完的恋歌，
一篇写不尽的美文。
她是我们那祖先和祖先的祖先赖以繁衍生息的地方，
也是我们的子孙和子孙的子孙赖以生存发展的地方。
我曾经不止一次地想过，
祖国，到底是什么？
我想呀，想呀
——我亲爱的祖国！

杨培强心潮澎湃。路遥的诗句字字打动了他的心灵，字字给了他力量，字字说出了中国人的骄傲。祖先为国家创造了辉煌，我们这一代不能躺在祖先的功劳簿上，我们要创造新时代的辉煌。

艰难，往往又是机遇。在信念和责任感的驱使下，杨培强再次下定了决心，一定要走进去，哪怕这辈子不能生产出一台低场核磁共振仪器，也要把前面一段艰难的路走过去，为后辈留下一份宝贵的资料，让后人踏着自己的肩膀前进。自己既然学了这个专业，接触到了低场核磁共振技术，就要做出自己的贡献。尽管这项技术在国内还不成熟，但总有一天会成熟起来。科学就是这样，只要你不断地努力，难题就不是难题，科学也不那么神秘了。

天亮了，杨培强早早起床，吃完早饭，将资料收拾好放进包里出了门。他上了公交车，找到了一个座位，从包里拿出了书，认真地看了起来。公交车一路行驶，杨培强一路看书。车在华东师范大学门口停下，杨培强下车后就到了学校图书馆，一头扎进去查找资料。中午，他从包里拿出面包，一边吃一边看着书。

下午，杨培强从学校图书馆出来，在校门口上了一辆公交车后，又继续看书。他来到了上海市图书馆。迎着高高台阶踏步而上，他觉得自己仿佛踏上了一条充满希望的阶梯，并且登上了第一级台阶。原来，梦想真的可以靠自己的努力去实现。他相信，命运也是可以改变的。原先他是用知识改变了个人的命运，又用大学的知识改变了家庭的命运，现在他要用研究生的知识与外国人较量，为国家做出贡献。

在华东师范大学学习期间，杨培强跑得最多的地方就是图书馆，关注最多的名词就是“低场核磁共振”。整个学习阶段，他都是紧张忙碌的，生怕缺了资料，就把能找到的资料全部收集起来。白天收集资料，晚上整理资料。他后来回忆说，他是收集资料的工匠。只要闭上眼睛，他的脑海中就会冒出一个新的构思，比已完成的那个更好，于是他就起来再做笔记。妻子经常半夜被他吵醒，渐渐也习惯了。

梦里，他还是有各种各样稀奇古怪的想法，一会儿又不满意自己的想法，自己推翻了，反反复复、仔仔细细想了好几遍，直到迷迷糊糊睡去……

猛然间，杨培强从梦中惊醒，赶紧起来，黑暗中也不知道是几点钟。杨培强想想还是不睡了，赶紧起来把没完成的完成了，把刚想起来的记下来，他才真正安心，再辛苦都觉得值了。只是，又要把妻子从睡梦中惊醒了。其实他是很内疚的，谁说这些只是他一个人的辛苦？他一晚上没有睡好，妻子不是也同样没睡好？

每当这时，妻子都会提醒他："你不要命了，不看看现在几点了？昨天那么晚睡。不许起来，注意休息。"

借着刺眼的灯光，杨培强眯着眼睛望了一下墙上的钟，还不到凌晨四点……

"知道了，我已经起来了。我突然想起了一个关键部位，不记下我怕忘了。"杨培强坚持着。

"你至于这么拼命吗？是我没饭给你吃，还是等着你养家啊？"

"好，知道了。就这一晚上了。我白天睡一会儿。"

"你是每天都这样，谁相信你啊？快点睡吧。"

"下次，我晚上早点吃晚饭，早点睡觉。"

"下次，下次，你说了多少个下次了。不管你了，你自己的身体你自己负责，以后生病了别对我说！"妻子的话很冲，貌似真的生气了。

"好好好，你别生气嘛，我有分寸的。"

1993年7月，杨培强研究生毕业了，被安排到了上海医科大学当老师。他把所学的低场核磁共振原理运用到了教学中，可是连一台搞试验的低场核磁共振教学仪器都没有，这是真正的"纸上谈兵"。学生们对枯燥的理论知识一点儿兴趣也没有。杨培强自己也觉得挺枯燥的，他比学生就是多了点兴趣而已。于是，他在黑板上画出了自己心中设计的核磁共振仪器草图，讲解给学生听，可还是调动不了学生们的积极性。怎么办？杨培强苦苦思索，就是找不出答案。教学之余，杨培强继续在各大图书馆之间奔波，寻找问题的答案。夜晚，他还是如饥似渴地学习，读书，做笔记。

妻子李向红说他已经对低场核磁共振着迷了，甚至是疯了。他说，学校只有一台连续波核磁共振仪器，这台仪器只能看到低场核磁共振的波形，是停留在原理演示上的，而波形只是事物的现象，根本不是事物的实质。说得不好听一些，这简直就是低场核磁共振技术的幼儿园，几乎是学不到什么知识的。

有梦想、有责任感的人常常是睡不着的，他的心中只有梦想，他会自觉地围着梦想做一切，甚至做别人不理解的事。别人看不到他的梦想。当他一旦实现了梦想，并为社会、为人类取得了辉煌的成就，人们才会恍然大悟。

为了能搞出一台有图形、有影像的核磁共振教学仪器，他在做好教学工作的同时，准备去上海中山医院应聘一份兼职。李向红不解地问他："你有一份好好的大学教师工作，为什么要去中山医院打工呢？"

杨培强说："我了解到，那里有一位我国的影像学专家。"

李向红说："又是你的低场核磁共振。再说人家中山医院是你想进就进的吗？"

杨培强说："我也担心这个，中山医院毕竟是上海医疗界的老大。不过，我还是想去试试。"

李向红说："我劝你别去了，免得伤了自尊心。"

杨培强说："从小到现在，我受过的打击太多了、太大了，心理抵抗力也强了。为了避免今后的打击，我还是要去试一试的。"

李向红说："我劝你今天别去了，明天或者过几天再去。"

杨培强问："为什么？"

李向红说："今天是你的生日，我为你准备了晚餐。我不希望你在过生日时受到打击。"

杨培强说："时间不等人，过生日是小事……"

没等杨培强说完，李向红抢过了话："低场核磁共振是大事？"

杨培强说："是啊。"

杨培强背着一个包，只身走在去上海中山医院的路上。在他小的时候，中山医院对他来说是一个神圣的殿堂，高不可攀。他只记得，当时人们生病，只要到了中山医院，好像就是有救了。中山医院几乎就是重生的象征，一般的人是住不起也住不进去的。如今要去应聘，说实话，杨培强心中并没有底气，并没有把握，只是因为对低场核磁共振的强烈追求，以他的性格，他要闯一闯，只有闯了才知道。

再说，杨培强是个不甘放弃的人，他每天都在思考着低场核磁共振，不愿放弃任何一次机会。市中心一路繁华，但他全无心思去观赏，只是匆匆而过，来到了中山医院。他理了理衣服，调整了心态，想让自己保持一颗平常心，可还是有点心慌。不管怎样，已经来了，就进去试试。他毅然走进了中山医院。

杨培强甚至已做好了最坏的心理准备，如果一会儿招聘不成功，负责招聘的人连见都不愿意见自己，就直接把自己回绝了，或者是借口负责人不在，不愿接收自己，自己也不会放弃的，回家再想办法。杨培强坚信，科学成果是国家的，任何人都不能阻挡科学的发展。自己虽然是个无名小卒，但这不是过错，如果可以，他真的希望能研发出属于我们自己的低场核磁共振仪器。

傍晚，回到家中，李向红已经为他准备了一桌的美味佳肴。杨培强还没放下包，就伸手拿了一块肉放进嘴里，说道："这么早就有得吃了。"

李向红说："我知道你到了医院只要三分钟，就会被人家拒之门外，你回来肯定快，所以，我就早点烧好了晚餐。"

杨培强嘴里吃着肉，只是"嗯，嗯"。

李向红望着他，笑了笑，说道："堂堂一位大学老师，怎么这样不讲文明啊？"

杨培强顾不得说话，还是继续吃着。

李向红继续说："你是饿晕了吧？"

杨培强说："是的，困难的时候也没感觉到这么饿，人一饿确实是难受。"

李向红说："我知道了，你是今天应聘没成功。不管你成功不成功，我都要为你的生日准备一桌菜。"

李向红拿了一双筷子递给杨培强。

杨培强推开妻子的手，说道："今天，我请你去饭店吃，好好庆祝一下。"

李向红说："你可是一直反对去饭店吃饭的啊，说那是浪费，要把钱省下来研究低场核磁共振影像分析仪。今天太阳从西边出来啦？"

杨培强说："你就不要说这么多了，我请你吃。"

李向红说："你可从来没有这么大方过啊。"

杨培强拉着妻子走出了家门。去饭店的路上，杨培强想着今天去中山医院应聘的整个过程，心里很是欣慰。

李向红问道："今天去中山医院，结果如何啊？"

杨培强一脸的苦相，没有接妻子的话。

李向红说："我说你不可能成功吧。"

杨培强还是没有回答妻子。

李向红说："这样也好，省得你老是念叨你的低场核磁共振。你就认认真真地、踏踏实实地做你的大学老师吧。"

杨培强说："你说错了。"

李向红望了望杨培强，不解地看着他的表情，想从中找出答案。

杨培强装出一脸的无奈，说道："人家说我是他们医院极为紧缺的技术人才。你说对了，只用了三分钟，不过这三分钟不是拒绝我，而是录用了我！"

李向红说："你不会是吹牛皮吧？"

杨培强说："你看我今天请你去饭店吃饭就不是吹牛皮了，是真的了。"

李向红说："我说呢，你个小气鬼今天怎么变大方了，原来是双喜临门啊！"

杨培强说："还有一喜，就是在中山医院我可以跟着中国影像方面的专家学习影像技术。"

李向红说："又是你的低场核磁共振。"

杨培强说："这样我就可以解决一个很大的难题了。把低场核磁共振的波形与低场核磁共振的影像结合起来，这样就可以与国外的低场核磁共振技术较量高低了，也可以解决我国高校缺少低场核磁共振教学仪器的问题了，还可以用到许多其他科研领域中去。唉，多年的寒窗苦读，那么多的笔记，总算有了用处。知识的力量太强大了，知识可以改变一切啊，所有的努力都会有回报的。"

李向红看着杨培强一脸的兴奋、激动。这么多年了，她从来没有看到丈夫这样高兴过。

杨培强说："很多事真的没有自己想象中那么难，有时候内心的恐惧远比外界的困难更难克服，其实只要下定决心就可以了。我就不信外国的月亮比中国圆。我们每个人都有自己的优势，只有充分发挥自己的优势才能取得成功。当今世界，成功者之所以成功，正是因为利用了自己的优势。罗纳尔多成为足球先生，乔丹成为篮球飞人，杨振宁获得诺贝尔物理学奖，都是因为他们发挥了自己的优势……"

李向红问："你的优势呢？"

杨培强愣了愣，他想不到妻子会问这个问题，他从来没有考虑过自己的优势。是啊，自己的优势是什么？杨培强想了一会儿，说道："我的优势是爱学习，有一股钻研的精神。这是最好的优势，也是最强的优势。发挥自身的优势就一定能成功，我们也能成为牛顿，成为爱因斯坦。世界上很多人没有成功，就是因为没有发现自身的优势，最终一事无成。优势就是能量，唯有发挥出来，才能走出一条成功的道路。"

杨培强滔滔不绝地说着，李向红认真地看着他。杨培强好像意识到了什么，他回过头来，望了望妻子，说道：“你怎么不说话了？”

李向红说：“你让我说吗？我也插不上话啊！你现在不饿了？”

杨培强说：“哦，对，对，对。我们快去吃饭。”

岁月总会在不经意间给我们留下一些谜，谁又会是那个解开谜底的人？正因为那么多的谜没有谜底，人们才会渴望遇到那个能解开谜底的人。有多少世事沉入时光的湖底，偶尔激荡出圈圈涟漪。随着改革开放的步步深入，人才开始自由流动了。许多企业家认识到了人才的重要性，认识到了人才对企业的关键作用，明白了千军易得、一将难求。

1998年5月，上海F公司高薪聘请杨培强任职。一直在低场核磁共振领域摸爬滚打的杨培强，考虑到F公司是一家实力较强的公司，于是放弃了五年的大学教师工作，甩掉了“铁饭碗”，唯一没有放弃的就是对低场核磁共振技术的研究。杨培强心中有一个梦想，他要实现这个梦想，走一条别人没有走过的路。他要学习F公司的先进技术和企业管理经验，然后创立一个属于自己的低场核磁共振企业。

杨培强从大学讲台走下来，走进了F公司，当起了机械维修工。这不是一次平平常常的岗位变迁，而是一次人生的转变，这样的选择更不是一般人会做的。他心中有一个很大的目标，有一个很大的梦想，没有这个目标和梦想的支撑，他是很难做到这一点的。人生有梦才美丽，人生有梦才精彩，但是，要实现梦想，是需要一种意志，需要一种勇气，需要一种执着精神的，还需要有大的格局，站在一个人生的高度上，看到别人看不到的，想到别人想不到的。因为这个梦想的前景，这个梦想的美好，别人不能理解。别人说梦想是“瞎想”“妄想”，是不切实际。和他一起毕业的同学大多数生活稳定，有的做到了大学教授。大家对杨培强的选择很是不解，有的当面“质问”，有的背后议论。面对同学和好友的不解，杨培强没有过多解释，只是淡淡一笑，说：“我是从农村出来的，经历过岁月的磨砺，能在上海有一份工作就很满足了。”

杨培强要为他的梦想付出一切。要实现梦想，唯一的办法就是行动。没有行动的梦想，那才是妄想呢。

杨培强就是这样学会适应生活里的那些疲惫。他总是鼓励自己，坚强地行走在风雨里。来路或许不易，命运或许不公，但是杨培强始终坚信，梦想是靠奋斗出来的，要相信奋斗的力量，相信梦想的力量。杨培强知道，福祸难料，世事难测，悲喜无常。有人一直追逐人生的幸福安乐，痴迷于物质享受，而杨培强自从接触了低场核磁共振这个领域，就萌生了关于低场核磁共振的梦想。也许这个藏在心中的低场核磁共振之梦会破碎，但是既然确定了，就要为之努力和奋斗，这是他的使命，也是他的性格。做人如果没有梦想，跟咸鱼有什么区别呢？

多年的奋斗，让杨培强渐渐明白：生命的价值不仅仅在于让自己活得有意义，还在于能不能让别人也过得好。他经常看到，因为他的努力，爸爸妈妈在村民面前有了底气，脸上绽放出笑容和光彩。那时，他觉得那就是自己生命价值的最大化。

杨培强在F公司就是一名机械维修工，可是，他把这里当作一个实验场地，原先没有的设备这里都有，原先没有实验过的在这里进行了实验，原先学习的低场核磁共振理论知识在这里一一得到实践。他的心中藏着梦想，向新目标一步步靠近，因此，他每天都起早贪黑地工作。他的工作对象就是一台台机器和一件件工具，工作地点就是车间，打交道的就是普通操作工。亲自动手是他工作的常态，无论需要进行什么样的维修，他都会第一时间出现在现场。领导和同事们经常看到他忙碌的身影，看到他兢兢业业、埋头苦干、亲力亲为的工作热情。

杨培强得到了领导的信任，多次受到领导的表扬。由于他肯干、踏实、厚道的品格，当他说要向领导推荐一个人来公司上班的时候，领导当场就答应了他的要求。

事不宜迟，杨培强立即打电话给刘利荣。刘利荣从朱家角赶到了上海市区。杨培强下厨自己动手做了几个菜。

刘利荣端着酒杯，问道："到底什么事，这么急着让我来啊？"

杨培强说："你可不可以辞去现在的工作，到上海来？"

刘利荣问："到上海哪儿上班？"

杨培强说："F公司。"

刘利荣说："我到F公司能做什么啊？"

杨培强说："电工，你的老本行。"

刘利荣说："这也太突然了，这么大的事，我一点准备也没有。"

杨培强端起酒杯说："来，我敬你一杯。"

两人一饮而尽后，杨培强说："其实你早就有准备了。"

刘利荣说："你真会说笑，我自己都不知道我有什么准备。"

杨培强说："你不是一直想着赚钱吗？"

刘利荣说："谁不想赚钱啊，现在这社会人人都想着法子赚钱。"

杨培强说："那就好，我这里有个赚钱的项目，你愿不愿意做？"

刘利荣放下手中的酒杯，用一种疑惑的眼神望着杨培强："你有赚大钱的项目？"

杨培强说："当然了。我想自己研制生产低场核磁共振仪器，在上海办一家自己的民营科技企业。报上说科技就是生产力，你也说过这是个大的商机。"

刘利荣说："这可是一个大胆的想法。看不出你温文尔雅的，心里还藏着宏伟的目标。"

杨培强说："但是，创业是比较困难的。你要有充分的思想准备。"

刘利荣说："你搞的是科技企业，我能做什么啊？"

杨培强说："我帮你在F公司找了一份电工的工作，不过你不是为了做电工而做电工，要学习人家的管理经验，要学习人家的技术。"

刘利荣说："原来是要我做'卧底'啊。"

杨培强说："别说得这么难听。人家公司能做这么大，一定有许多先进的管理理念。我们就当是一次学习，而且还是带薪的学习，你说好不好？"

刘利荣仰头喝下一杯酒，放下酒杯说："行，我干！"

杨培强也一仰头喝下一杯酒："好，就这样定了。"

杨培强想了想，又看了看刘利荣。

刘利荣说：“你还有什么说的，就全部说出来好了。”

杨培强说：“不过，我们这个企业也不全是为了赚钱。”

刘利荣说：“我们自己办公司，不是为了赚钱，是为了什么？”

杨培强说：“现在低场核磁共振的高端技术全部掌握在外国人的手中，我们却是束手无策，你说气人不气人？我们中国人的脑袋不比外国人差啊，四大发明就是我们老祖宗的智慧结晶。所以，我们还有一个使命，就是振兴我国低场核磁共振事业，与外国人一争高低。我一定要让中国人有自己的低场核磁共振分析仪，哪怕它的存在会带来质疑和争论。我认为这是抗衡外国人最好的准备。”

从此，刘利荣成了F公司的一名电工，他和杨培强一样任劳任怨地干活，按时按质地完成工作任务。杨培强和刘利荣创业的热情就像火一样，工作之余常在一起商量，筹划着创办企业的事情。他们俩不但要搞技术，还要搞市场调研。可是，这一切并不像他们想象中那样容易。他们说出的名词，别人还不懂；他们要的材料、配件，市场上还没有。到处碰壁，到处是不知道。

几个月下来，他们几乎找遍了上海所有与低场核磁共振技术有关的材料商、资料库，可是收效甚微。他们满腔的热忱，换来的却是一盆盆冷水。他们受到了极大的打击，他们的热情也一落千丈。

困难，在创业的路上，总是突如其来的，没有任何迹象，来势汹汹，无法避让。庆幸的是，即使困难再大、苦痛再多，甚至哪怕遇到灾难，也总有人在抗争着、坚守着、生活着、延续着……何况他们是要与世界一流的科技较量。即使再难，有一点，杨培强和刘利荣两人的思想是一致的，那就是认准了这条道，就一定要走下去，一直走到底。

2003年10月，刘利荣辞掉了工作。他们在上海市普陀区中江路的天地软件园租下一间二十多平方米的房子，作为试验、研制的场地。租的房子里空空如也，什么都没有。他们从一张桌子、一条板凳、一个多用插座、一个电烙铁开始，一件件置办。也许这是世界上最简陋的一间试验室，但对于他们来说，总算有了一个可以操作的地方了。这就是当时他们注册的“上海纽迈电子科技有限公司”。但他们心中还是没底，就这样能搞出什么科技产品啊？这地方还抵不上F公司的废旧物品仓库呢。这就是创业，创业就是这么艰难，这艰难并不全是物质上的，还有精神上的。他们也不知道今后公司会发展成什么样子，会发展到哪一步，但他们坚持一定要做下去。科技本来就是创造出来的，不创造就没有成功。

白天，杨培强去F公司上班，刘利荣就到一家进口低场核磁共振仪器用户单位进行维护线路的工作。他们挣到的钱全投到了公司的发展上。晚上，他们就聚在一起，交流白天获得的信息和感受。

仅仅依靠晚上这几小时，已经不能跟上公司发展的速度了，再说人的精力和体力也有限。于是，他们招了两名技校学生，在杨培强的指导下工作。杨培强和刘利荣一个负责软件的开发，一个负责硬件的添置。杨培强还要负责市场的开发。

一天晚上，刘利荣告诉杨培强，他工作的那家企业的低场核磁共振仪器看上去是很简单的。

杨培强说：“那是一台连续波低场核磁共振仪器，在国外已经被淘汰了。”

刘利荣说：“可是，那家单位还当作宝贝，仅我一个维修工一个月就是八千元。”

杨培强说：“从这一点上，你就应该知道低场核磁共振技术是多么的重要，所以我们必须抓紧时间研制。我们搞的是低场核磁共振成像技术实验仪。”

刘利荣说：“重要性我是知道的。”

杨培强从袋里掏出两千块钱，递给刘利荣说：“把两名员工的工资发了吧。”

刘利荣说：“这些都是你的工资，回家你怎么向嫂子交代？”

杨培强说：“这个你就不要管了，搞科研哪有不付出的。”

刘利荣说：“也不知道究竟什么时候才能搞出来。”

杨培强说：“梦想总会成为现实的。曾经，人类梦想上天，就有了飞机；梦想下海，就有了轮船；梦想一夜行千里，就有了火车；梦想坐在床头看电影，就有了电视……”

刘利荣说：“你始终是乐观的。”

杨培强在试验室里转了转，看了看，电线、线路板、电脑、核磁板等摆放有序。他扫视了一下试验室，干涩地咽下一口唾沫，转过身来对刘利荣说：“我们的条件是比较艰苦。那两个学生工作怎么样？”

刘利荣说：“没有多大的干劲。”

杨培强问：“为什么？”

刘利荣说：“也许是嫌我们这儿的条件太差了，也许是看不到前途，或者认为我们的试验根本就不可能成功。”

听到这样的话，杨培强两眼直勾勾地看着那些试验工具，不急不慢地说：“尽量留住他们，只要坚持，希望总是有的。”

科学的大道上没有平坦的路可走，只有不畏艰辛一往无前的人，才有希望达到科学的顶峰。此时的杨培强很想辞职，全身心地投入低场核磁共振仪器的研究与试验中。可是他不能，因为他如果辞职，那个小小的试验室就断了资金来源，那就真的要“关门”了。刘利荣也是边打工边工作，就是为了能够维持试验室的正常运行。

经过一番努力，杨培强走进了母校华东师范大学。此时的杨培强是以一名合作者的身份出现的，他的执着精神，他对低场核磁共振技术的钻研和痴迷，他放弃优厚的待遇、甘愿去当一个修理工的经历，感动了华东师范大学几位热衷低场核磁共振技术的学者和老师。在他们的帮助下，1998年由华东师范大学与北京大学合作研制的一台低场核磁共振教学样机被送给杨培强作为试验之用。这台样机已经闲置了一年多，与其说是“闲置”，不如说是“没有用”了，也就被淘汰了。杨培强看到满是灰尘的样机，如获至宝，小心地抹去灰尘，打出租车送到了试验室。

刘利荣一看到杨培强，就笑哈哈地说：“你这个小气鬼也舍得打车了。”

杨培强说：“今天捡了个宝贝，一激动就打车了。”

刘利荣看看杨培强抱回来的那台“宝贝”，也高兴得合不拢嘴，连声说：“好好好，好东西。真的是捡了一个宝贝。”

杨培强说："这是当时两所高校合作的项目，花了八十万元研制出来的。"

刘利荣吐出了舌头："这么多啊。我们现在八万也没有啊。"

杨培强说："现在不是有了吗？只可惜啊……"

刘利荣问："可惜什么了？"

杨培强说："没有图像，只有分析。"

刘利荣说："有图像了，还要我们干什么？我们也不需要吃这个苦了。"

杨培强说："我们要向更大的方向发展。"

刘利荣告诉杨培强，那两名学生拿了工资后就走了。这个消息让杨培强措手不及，但他很快就镇定下来："走了就走了吧，我们的条件太差了。"

刘利荣说："他们不是嫌我们的条件差，而是说我们根本不是搞科研的，说这里就是一个小作坊。"

杨培强说："人各有志。要想留住人，还需要我们自身强大起来。"

其实，生命就是由一个个匆忙间被斩断的瞬间组成的，有的瞬间无足轻重，有的却可以谱成赞歌。此时的杨培强只有一个念头，那就是即使千难万难，他也必须坚持下去。

杨培强从心底发出了誓言："我们干！"

从此，杨培强把所有的空余时间都用到了试验、研制上。2005年的大年三十，清晨，城市刚刚睁开惺忪的睡眼，霞光初射。杨培强听着升国旗仪式的声音走进了试验室，昂首挺胸，向着冉冉升起的五星红旗默默敬礼。他的内心充满了骄傲和自豪，全身有一股无穷的精神力量。

一进试验室，他就打开了电脑，专注地看着屏幕上线条的变化。每一条线的波纹、速度、高低大小，他都认真地观看，仔细地分析，精心地研究。室内没有空调，他这一坐不知不觉就是四五个小时。他只觉得冷，一冷就觉得饿，只能倒一杯热茶喝喝，算是缓解一下。

这时，刘利荣也来到了工作室。他看到杨培强坐在电脑前，惊讶地问："今天你怎么来了？"

杨培强回过头，也是十分惊讶地问道："你怎么也来了？"

刘利荣说："我是突然想起了一个焊接点的问题，所以就赶过来了。"

杨培强说："我也是想到一个成像系数的问题始终解决不了，就来试试。"

他们就这样不约而同地来到了试验室。这天是大年三十，当家家团聚等候新年钟声的时候，当家家团聚欢庆新年的时候，当家家团聚等着守岁的鞭炮声的时候，他们却在冰冷的试验室里操作着那些冰冷的工具和器材。所有人都放假了，整栋大楼静悄悄的，即使是工作狂，这个时候也在家和家人一起共度佳节了。只有心中有梦想的人，才能在此时此刻不声不响地去工作；只有心中有强烈追求的人，才会自觉地去搞科学试验；也只有有着强烈责任心的人，才会心甘情愿地去坐这样的"冷板凳"。

门外响起了高跟皮鞋接触地面的声音，"笃笃笃"的，很有节奏。

是什么人这时候也来加班？因为安静，“笃笃笃”的声音显得那样的清晰，配合一种空旷的声音，非常有乐感，如同美妙的音乐声。

试验室内的杨培强和刘利荣感到非常奇怪，现在谁会来啊？不管了，他们两个还是一门心思地做着试验。

走廊上“笃笃笃”的皮鞋声在空中回响、震荡。

杨培强说：“什么人啊，今天来上班了？”

刘利荣说：“是啊，比我们还执着，比我们还拼命。”

杨培强说：“这个疯子，好像是朝我们这里来的。”

刘利荣说：“唉，是啊，这个疯子是不是来找我们的？”

门被推开了。李向红站在门口说：“我是疯子？你们两个才是真正的疯子！”

杨培强和刘利荣同时向门口看去，一下子惊呆了，都直勾勾地看着她。

刘利荣说：“嫂子，我没有说你是疯子，是、是、是他说的。”

杨培强问道：“你、你、你怎么来了？”

李向红说：“我来看看你们两个疯子是怎样饿着肚皮搞试验的。”

杨培强说：“给我们送吃的啦，真是太好了！”

刘利荣说：“嫂子，你真好，我们确实是饿了。”

杨培强说：“你怎么知道我们在这里？”

李向红说：“你们两个疯子还能到哪儿去！”

杨培强接过李向红手中的饭盒，打开递给刘利荣一盒。他们吃着热气腾腾的饭菜，是那样的开心。李向红看到他们吃得那么香，十分满意地笑了。

杨培强边吃边看着电脑，屏幕上的波纹在一闪一闪的。他的双眼紧紧地盯着屏幕，停止了吃饭，问道："刘利荣，你的焊接点接上了吗？"

刘利荣边吃边说："还有一个点。"

杨培强说："别吃了，赶快先接上，先接上再吃不迟。"

李向红说："吃了饭再接就不行啊？"

杨培强对刘利荣说："不行，快，快接上！"

刘利荣放下饭盒，拿起电烙铁，焊上接线。屏幕上出现了大块的影像，但是很模糊。即便如此，杨培强还是兴奋起来："好，就这样！有影子了。"

刘利荣十分激动地说："真的！"他立即走到电脑前观看。

他们为之奋斗的影像试验终于看到了希望。刘利荣激动得一把抱住杨培强："我们成功了，成功了！"说着说着，流下了泪水。这是激动的泪水，这是成功的泪水。刘利荣拿起身边的水杯，端到杨培强面前，说道："干！"

两人以水代酒，干完了杯中的水。他们的喜悦之情全都在脸上。他们干完杯中的水后，抱头痛哭，过去的辛苦全部化作泪水流了出来。

李向红看到他们如此兴奋，如同小孩子考了一百分似的。两个大男人当着一个女人的面痛哭，可想而知，原先藏在他们心中的酸楚真的压得他们喘不过气来了。她深深理解丈夫的追求。

夕阳西下，他们走出了试验室。自从2003年建起试验室，他们还是第一次这么轻松地走出试验室呢。路边，杨培强给刘利荣拦下一辆出租车。望着远去的出租车，杨培强的眼角湿润了。他非常感谢这个从小一起长大的伙伴，他们的合作，是建立在相互信任的基础上的，这是比金子还要贵重的信任。人与人之间，不管什么时候都要有信任。什么都能丢，就是信任不能丢。

杨培强想走一会儿路，他与李向红漫步在城市的街道上。冬天的太阳一滑就下了山，夜幕已悄悄降临，零星的鞭炮声响起了，城市的上空不时升起多彩的焰火。万家团圆时，杨培强与李向红迎着凛冽的寒风为自己守岁，此时他们的内心是温暖的。

杨培强说："是你给我们带来了好运。"

李向红望了望杨培强，说："你这是什么意思？"

杨培强说："你一来，我们的试验就成功了，你真是我的贵人。"

李向红一笑，说："我是考虑到，今天大年三十了，许多饭店都不营业了，你们时间又紧，我就给你们送饭来了。"

杨培强说："这是命运安排的，你一来，我们就成功了。"

李向红说："你们这么闭门造车，还真的给造出来了。"

杨培强说："还没有完全达到我心中的要求，不过已经很好了。"

回到家中，李向红为丈夫炒了几个菜，拿出了一瓶酒。她要犒劳犒劳丈夫。

杨培强站在窗前凝视。此时已是万家灯火，全城都在喜庆之中，鞭炮声四起。幸福是什么？多少人在追问，多少人在困惑。其实，幸福不是因为得到的多，而是因为心中的梦想能够实现。

一串焰火升上了天空，这是祝福的焰火，梦想的焰火。

第四章　艰难的起步

只有内心强大，有信仰和使命感的人，才能从奋斗中获得乐趣，才能从事业中得到真正的快乐和成就感。这种快乐不是源于金钱和荣誉，而是源于自己的科研成果和服务给他人带来价值，让世界变得更加美好。

简陋的试验室，层出不穷的艰难和挫折，曾经让杨培强和刘利荣心灰意冷，但他们始终没有放弃对低场核磁共振技术的研究。当取得了一定的成绩后，他们更会全身心投入科研，去努力挖掘其中的快乐。

2006年10月9日，秋天的味道已经越来越浓了。红色的朝霞已在天边拉开了序幕。清晨，不需要闹钟提醒，杨培强早早醒了，他要去试验室。从春节到现在，近十个月的努力，近十个月的艰苦奋斗，在漫长而艰苦的科研生涯里，他们始终坚信一分耕耘一分收获，现在，他们有了收获。这天，他们请来了上海医疗器械高等专科学校（现为上海健康医学院）的领导、教授到现场检测，这意味着，检验成果的时候终于到了。

匆匆吃了点早饭，杨培强就出了门。秋高气爽，天空湛蓝湛蓝的，路上的梧桐树金黄金黄的，秋声也特别的动情撩人。其实秋声是需要仔细聆听的。杨培强走在路上，想起了小时候家乡秋天的田野，秋虫的鸣声似乎诗意更浓，墙旮旯、草堆里、小河边、灶台旁，蟋蟀的“瞿瞿——啁啁”多有情趣；瓜藤上、豆叶上、竹园里，纺织娘的“咯吱——咯吱”多有韵味。农家的庭院里，每晚都有这样的专题音乐会。想到这儿，杨培强的心情也爽朗了。

杨培强走进试验室，刘利荣已经在调试了。杨培强看着电脑上的影像，说道：“行，我看可以了。”

刘利荣说：“一切准备就绪了，就等学校的教授来了。”

杨培强说：“只要我们的产品符合他们的教学要求就行。”

刘利荣说：“我是担心万一达不到他们的要求怎么办。”

杨培强说：“担心是对的。即使不符合校方的要求，他们来了，对我们也能提出修改意见，不也很好吗？”

正说着，上海医疗器械高等专科学校的一行人来到了试验室。杨培强和刘利荣迎接客人，请他们坐下。可是，学校的一行人愣愣地站在试验室内，不肯坐下。杨培强心中犯难了，怎么连坐都不肯坐？从学校来人的眼神里、脸色上可以看出，他们不满意。这么多年的艰辛努力，看来要泡汤了、没戏了。但是，杨培强还是强打精神，请客人们坐下。

其中一位校方领导人说：“你们就是在这里搞低场核磁共振试验的？”

杨培强笑笑说：“是啊。”

另一位校方人员说：“这么简陋的试验室能够搞出世界领先的低场核磁共振仪？真不敢相信！”

杨培强说：“我们就是在这里搞研发的啊。”

校方领导说：“真的没想到，真的没想到啊。这里就是一个小作坊啊。”

杨培强说：“还是请领导先看看机器吧。”

校方领导说："既然来了，就看看吧。"

杨培强立即打开机器，右手点击着鼠标。电脑屏幕上出现了影像，并且很清晰，看得也比较清楚。学校一行人立即被低场核磁共振的影像吸引了，个个睁大了眼睛，紧紧盯着电脑屏幕，全神贯注地看着每个影像的变化。此时，校方人员全都惊呆了。

校方一位领导握着杨培强的手，激动地说："好！好！好！这个简陋的试验室竟能搞成低场核磁共振的成像仪器，我们真的没有想到，没有想到啊。"

另一位校方人员说："仅凭他们的这种精神，我认为他们会成功的。"

校方领导请杨培强和刘利荣先回避一下，他们要开一个会。杨培强和刘利荣交换了一下眼色，不知道他们的葫芦里卖的是什么药。

杨培强和刘利荣站在门外，心里十分焦急，可是也只能等着。等待的滋味不好受，简直是一种煎熬、一种对意志的考验。

刘利荣问道："你说他们在干什么，是不是拆开我们的机器看啊，是不是不放心我们啊？"

杨培强说："不会的，他们肯定是在讨论要不要购买我们的机器。"

刘利荣说："你可别太乐观了，他们一直说我们的试验室不像试验室，我估计十有八九他们是看不上我们的机器了。"

这时，门开了，校方一名工作人员喊道："你们可以进来了。"

刘利荣走进试验室后首先看了看机器，见机器还是原封不动地放着，他放心了。

校方领导对杨培强说："我们学校研究决定，向你们订购四台机器。”

刘利荣听到订购四台，睁大了眼睛盯着杨培强和学校领导。

杨培强重复了一遍：“你们要四台？”

学校领导说：“有困难吗？”

杨培强说：“没有，没有。”

学校领导说：“不过有个条件，两个月交产品。”

杨培强想了想：“行，你放心。”

学校领导说：“这个机器也不能叫作产品啊，应该有个名称啊，你们有没有想过啊？”

杨培强说：“就叫低场核磁共振教学仪。”

学校领导想了想，说：“可以，这个名称符合学校的要求。”

刘利荣给杨培强竖起了大拇指。

学校领导说：“不过，我们还有一个要求，就是我们共同建一个试验室，共同推广低场核磁共振教学仪。你看行不行？”

杨培强说：“行！只要能振兴我国的低场核磁共振事业，怎么都行！”

每个人的一生，无论成功与失败，压缩在一起都很精彩，分解成一个个故事，也无非是世间、人心、红尘的不同排列组合。随着时间的流逝，人人都经历过数不清的风风雨雨。告别了青春，就是奋斗。杨培强一直都在奋斗。虽说已经取得了低场核磁共振技术的初步成果，可是他的奋斗才刚刚开始，前面的路还很长很长啊，是平坦，还是坎坷？他不知道。他只知道，自己必须奋斗。

新的挑战开始了。在创业过程中，他们同样遇到了许多企业家都曾遇到过的困难，那就是资金问题。杨培强将平常节省下来的五万元全部拿出来，用到购置零配件上。刘利荣白天购买硬件设备，晚上就在试验室里搞试验。他们在工作室里放置了一张小床，谁困了就躺一会儿，可是他们很少去躺。有几次，他们忽然发现阳光照射进室内，才知道天已经亮了。

天亮了，他们伸着懒腰，沐浴着温暖的阳光。刘利荣要外出采购配件，他采购配件总是比别人花更多的时间，因为他要寻找全市最便宜、质量最好的配件，于是就要跑全城的电子市场，而且只坐公交、地铁，从来舍不得打车，吃饭也是很简单地对付一下。太阳下山了，刘利荣才走进试验室。屋内更加寒冷，他赶紧躺在床上睡一会儿。

刘利荣躺下不久，杨培强到了。他不去惊动刘利荣，只是把快餐悄悄地放在刘利荣的床头，然后就坐到了电脑前，开始对信号、成像进行测试。

他们就是这样不分白天与黑夜地拼命干。创业路上的艰辛，有许多成功的老板都不愿意说，因为那伤心的痛，是常人无法想象的痛。他们总是把开支压缩到最低，把产品质量做到最好。特别是搞科技产品的企业家，他们不仅仅是为了赚钱，更是为了自己的责任心，还有民族脊梁。企业起步都是艰苦的，有时艰苦到真的让人想打退堂鼓，如果没有足够的耐心和坚定的信念，是很难支撑下来的。杨培强心中更是清楚，这是他们的第一批产品，必须按时按质完成，否则他们将会一败涂地，再也无路可走了。现在，再艰苦也还是有路可走的，所以他们必须向前，只有向前才有可能获得成功。在这个封闭的小屋内，他们计算、调试信号的空间定位与旋转坐标等。是这些枯燥的数字，让他们精神振作；也是这些数字、信息相互的连接与转换，让他们看到了曙光。

两个月后，核磁共振信号重建成一幅二维断面图像的空间，各种平面成像法以及二维傅里叶变换成像、三维图像重建都通过扩展二维成像平面中的空间编码方向实现了，像素的空间位置信息可以通过施加梯度场来确定，像素的灰度信息可以通过调整核磁共振脉冲序列得以显示和控制。核磁共振脉冲序列是为了获取足够用以重建图像的信号，按照一定时序和周期重复施加的射频脉冲和梯度脉冲的组合，可使重建图像所用信号的来源不断。

真正意义上的中国第一台脉冲式低场核磁共振成像技术实验仪就在这间小屋内诞生了。没有鲜花，没有掌声，甚至连一声祝贺都没有。这是可以载入中国低场核磁共振领域史册的时刻，是一个值得牢记的日子。这台脉冲式低场核磁共振成像技术实验仪将打破外国公司或者跨国公司的垄断。中国有了自主知识产权、自主研制的脉冲式低场核磁共振成像技术实验仪。

一会儿，小屋沸腾了，只有杨培强和刘利荣两个人的内心在热闹沸腾。他们对视了良久，而后几乎是同时说出了："我们成功了！我们成功了！"

一会儿，屋内静了下来，静静的，几乎让人窒息。杨培强心想，这只是万里长征的第一步。虽然创造了奇迹，完成了一项伟大事业的开端，但是，真正内心强大、心中有梦的人，面对取得的成功、荣誉时不会骄傲，不会陷在喜悦之中不能自拔，而会把它视为一种激励自己继续前进的力量。

天亮了。刘利荣叫了一辆出租车，两人一起将赶制出的四台仪器送到了上海医疗器械高等专科学校的试验室。这个试验室是他们与学校共建的，也是为共同维护低场核磁共振教学仪而使用的。在试验室里，他们俩焦急地等着学校领导和教师的验收。也就在这个时候，他们感觉肚子饿了，于是刘利荣到学校门口买来了油条和豆浆，他们边吃边等着。

大约九点钟，学校领导与几名教师一起来了。杨培强立即打开仪器为他们做介绍，从信噪比到灵敏度、射频场均匀性、品质因素、有效范围等指标一一进行了验证和演示。所有人都全神贯注地看着仪器。检查完毕后，学校领导握住杨培强的手说："各项指标都达标，你们真的是不容易啊。当初我给你们的时间是两个月，我还为你们捏了一把汗。"

杨培强说："那为什么不给我们多点时间呢？"

校领导说："是我们急着要用这批教学仪器啊。这一批学生即将毕业，他们还没上过低场核磁共振成像技术的实验课程。学校不能对不起学生啊，所以我们心里急啊。"

杨培强说："原来是这样。"

校领导接着说："想不到你们真的按时完成了。你们团队真的是不简单，值得我们学校的老师学习。"

杨培强说："我们没有团队啊，就我们两个人。"

校领导惊讶地说："什么？就你们两个人？！"

杨培强说："是的。"

校领导说："你们只有两个人就搞出来了？难以想象你们是怎么搞出来的！"

回家的路上，杨培强和刘利荣十分欣慰，一次就得到了用户的认可，很多事没有自己想象中那么难。有时候，内心的恐惧远比外界的困难更难克服，其实只要下定决心就可以了。

接下来，杨培强又定下了新的更高的目标。他很清楚，他们研制的低场核磁共振成像技术实验仪实现的是物体内部物质的成像，具有广泛的应用领域，其中最重要的是生物医学领域。他在读研究生的时候曾经学到过，自20世纪70年代开始，到80年代中期诞生商业化的低场核磁共振成像系统之后，其发展速度是惊人的。

从此，杨培强离开了F公司，专门从事低场核磁共振仪器的研制和开发，向更大的方向发展，目标更高。

2007年上半年的一天，杨培强来到浙江工商大学，食品系的郑韶教授接待了他。郑韶用怀疑的眼神看着杨培强，然后很是轻描淡写地问了一句："你是怎么知道我们学校需要低场核磁共振教学仪的？"

杨培强说："我是从上海的高校得到的信息，听说你们需要一台低场核磁共振教学仪，所以就来你们学校了。"

郑韶说："我们是要进口的仪器。"

杨培强说："进口的仪器在目前的情况下当然比我们的好，可是，一来维修不方便，二来价格较高。"

郑韶说:“是啊,假如不是价格太高了,我们早在两年前就要买回来。但是我们对你们公司的产品不放心啊。”

杨培强说:“我不敢说我们的产品有多么的好,但是有一条是敢肯定的,那就是我们是国内最好的;还有一条也是敢肯定的,我们不比国外的差。现在上海医疗器械高等专科学校已经开始使用我们研制的教学仪器,并且反映很好。”

郑韶说:“我们需要的产品与上海医疗器械高等专科学校的要求不同,我们是需要个性化的。我们需要的是科学实验仪器,是要对食品进行分析的。”

杨培强说:“如果你相信,我们可以根据你们的要求进行个性化定制。”

郑韶说:“我们都是中国人,如果能为国家节约外汇,你们的产品又适合我们的需求,当然要用你们的。不过这不是说在嘴上的,而是一定要有实际成果的,我们是要看到机器的。”

杨培强说:“好,我答应你,一定根据你的要求定制,不过你要多给我一些时间。”

郑韶说:“可以。实话告诉你,我是很希望能帮助你们的,因为你们是有创新精神的团队。既然你们这么有信心,我就多给你一些时间进行研制开发。”

回上海的路上,杨培强已经开始筹划他的团队建设。搞科技研究,第一是人才。科学是生产力,科技人才是科学的生产力。中国不是没有能力创新,而是愿不愿意去创新。

杨培强开始寻找同道、同仁、同德的合作者，走上低场核磁共振领域的创新路程。通过研究生学习期间的人脉关系，他找到了在上海理工大学学习的硕士生张英力。张英力是学习研发软件和算法的，很快加入了公司的研发团队和软件开发队伍。杨培强还寻找到一些特殊人才，组建成一个强大的外围科研组织团队，聘请了华东师范大学博士生汪红志、中国教育学会物理教学研究会秘书长张学龙担任顾问和技术指导，开始了他从低场核磁共振成像技术实验仪到科学分析仪器的研究。

此时，原先二十多平方米的公司用房已经不能适应科研的需求了。杨培强买下了上海天地软件园的一号楼A308号房。这间房子的建筑面积有六十五平方米，用作生产研发的场所基本合适。

杨培强回到家中，高兴地告诉李向红公司购买了房子。当时李向红就愣住了，睁大了眼睛问："你哪来那么多的钱啊？"

杨培强说："就是我们准备买房子的钱啊。"

李向红惊讶地问："什么？你再说一遍。"

杨培强说："就是把准备购买住房的钱用了。"

李向红一下急了起来："你你你，怎么能这样啊？新房已经看好了，无论是采光、通风，还是楼层，我们都很满意的啊。这笔钱本来是要用于改善我们自己的住房条件的，你却用来购买了办公用房。"

杨培强说："我也是看中了那个办公用房，所以就买了。"

李向红说："就买了？你也不跟我商量商量，就买了？"

杨培强说："当时不是来不及嘛。我不交钱，就被别人买走了。"

李向红说："买走了就好了。"

杨培强赔着笑脸说：“都怪我不好，当时我就一心想着要把低场核磁共振分析仪搞起来，原先的那个办公场地太小了，所以就买下了新的。”

李向红说：“你看看我们现在住的这个地方，也太小了吧。现在好多人家都改善了住房条件，我们还住在这个老小区里，楼道又脏又乱又暗，我们总不能就住这里一辈子吧。”

杨培强说：“你放心，这辈子我一定给你买一座好的、大的新房子，等过了这一阵子，就会好起来了。”

李向红说：“这辈子我们还有多长时间？我们已经快到半百了，还要等到什么时候啊？”

杨培强说：“房子以后会有的，可是科学技术不发展，就要落后了。落后了再想赶上去，就要付出双倍甚至几倍的努力。”

杨培强见妻子不讲话，还在生气，就接着说：“都怪我不好，事先没跟你商量，我检讨，我认错。”

李向红说：“你是先斩后奏，钱已经给了人家，我再说也没用了。”

杨培强说：“好好好，我下次一定先奏后斩，一定先跟你商量好了再定。”

李向红说：“你还想有下次啊？”

杨培强说：“没有，没有下次了。”

试验室里，刘利荣忙着整理硬件。杨培强打开低场核磁共振含油率分析软件，点击鼠标，弹出低场核磁共振含油率分析仪的画面；在界面上的“标样名称”中输入标定的样品名称，如芝麻油、花生油、大豆油等；在“标样编号”中输入编号，方便日后查询；“标定样品数量”用于说明标样的数量，推荐数量是5，务必不要低于3；然后，点击“开始采样”按钮，进入NMR软件界面开始采样。

杨培强认真操作着，全神注视着每一个指标的变化情况。推荐操作是建立一个名为“××油标定”的文件夹，然后从质量、体积大的标样到质量、体积小的标样分别进行测量，获得的标定文件分别以1、2、3、4等名保存在以上建立的文件夹中。

接下来，测定B标样的信号，同样先进行累次采集，然后做快速傅里叶变换，提取峰值后，若偏差在100Hz以内，则保留该信号记录文件，否则需要设置中心频率，重新测定，直到偏差小于100Hz为止。

杨培强反复地试验着，记录下了许许多多的数据。电脑屏幕上的对角线由直变弯，由弯变直；采样页面的波纹由长变短，再变细。这些都没有逃过杨培强的眼睛，他全身心地投入试验、测试的过程中去了。一段时间以来，他几乎已经撑到了身体的极限，小小的试验室里，一张单人床成了他临时休息的场所，累了就躺一会儿，醒了继续再干。

杨培强一边抓研发，一边还要寻找人才。2007年5月，上海纽迈电子科技有限公司与上海医疗器械高等专科学校联合在校园内摆摊办起了人才市场，公开招聘当年毕业的学生。杨培强亲自在现场招聘。同学们都知道上海纽迈电子科技有限公司是研制出国内第一台脉冲式低场核磁共振教学仪的公司，于是纷纷拥到他的摊位前，进行咨询登记，了解企业状况。杨培强虽招人心急，但还是耐心地一一回答，他很希望有人能到他的企业上班。

一名杜姓同学说："这家企业是个大企业，能生产出这样的好产品，待遇一定不错。"他在登记表上写下：杜某某，男，1986年生，江苏常州……

另一名同学说："我也是这样认为的，能搞出第一台教学分析仪器的单位一定是个大的科研单位，我们可以去他的企业。"他在登记表上写下：王某某，男，1985年生，江西南昌……

一名男同学久久地站在杨培强的摊位前看着企业介绍，思索了一会儿后，填了一张表：石某某，男，1984年生，河南安阳……

当场，杨培强就通知他们三人第二天到公司进行面试。

招聘结束后，杨培强来到了公司，兴奋地对正在调试机器的刘利荣说："今天招聘了三名学生，我看他们都不错，已通知他们明天就来公司面试，准备让他们上班。"

刘利荣说："这么快啊？"

杨培强说："我现在需要人啊。"

说着，杨培强已经坐到电脑前打开了电脑。

刘利荣问："你今天不回家了？"

杨培强说："不回去了，还有几组指标我今晚必须完成。"

杨培强双击低场核磁共振含油率分析软件，点击"采集样品信号"，屏幕上出现了一组数字；选择第一个fid文件，在界面的右边可以直接看到所有计算出的结果。杨培强记录下一组数字后，继续操作电脑。他选择了"查询"功能，屏幕上弹出了一组密密麻麻的数字，他按多种方式查询测量结果，如按测量物名称查询、按测量编号查询以及按测量时间查询。想要按某种方式查询，只需单击该种方式前面的复选框就行。选择好后，单击“开始查询”，界面下方会显示相关的结果。

杨培强用本子记录下每一个流程，每一个数据，每一个变化，然后继续操作起电脑。刘利荣在做他的硬件安装。两人各自做着自己的事。

窗外，月光如水，夜已深。在这个小小的试验室里，他们正在无声地忙碌着，暗暗地拼搏着，日复一日，夜复一夜，每天都像打仗一样，不管今天多累，明天早晨，都必须整装出发，就算累了，也要强打精神，铆足力气继续前进，因为没有退路了。寂静的试验室里，只有键盘的敲击声。再试一下，再试一下，直到试验成功。科研就是反反复复的成功与失败，甚至往往是失败多而成功少。如果没有一种毅力和良好的心态，有些人是耐不住寂寞的，会半途而废。只有不畏艰辛的人，才有希望达到科学的顶峰。

不知不觉，天快要亮了。杨培强躺在简易床上，对刘利荣说：“你也躺一会儿。”

刘利荣说：“你睡吧，等会儿你还要面试三名学生呢。”

阳光从窗户照射进了试验室。杨培强起床后，对刘利荣说：“你睡吧，这儿有我呢。”

刘利荣躺在了简易床上，一会儿便发出了呼噜声。疲劳，真的是太疲劳了。搞科研不但是身体上的疲劳，还有脑力和精神上的疲劳。

杨培强坐到了电脑前，揉了揉眼睛，继续搞起了软件设计。

过了不知多长时间，三名应聘的学生来到了公司。杨培强放下手中的活儿，开始了对他们的面试。

但是很可惜，前两名同学都被公司简陋的环境和条件吓到了，打消了想要加入的念头。这时，只剩下第三名同学，他的名字叫石志东。

石志东站在杨培强面前，然后扫视了一下简陋的办公室。

杨培强问道："你对公司有什么想法？"

石志东说："杨总，你在几个月前亲自将四台低场核磁共振教学仪送到我们学校，并且吃得也很简单，只是油条和豆浆。当时我正在吃早饭，看到你亲自搬运，我想这样的老板，他的企业一定会强大起来。"

杨培强请石志东坐下说。

石志东说："今天，我来到你们公司，你们能在这样简陋的条件下，全靠自己的知识和执着精神努力拼搏，在这么简陋的地方研制出了中国第一台拥有自主知识产权的低场核磁共振教学仪，我是很敬佩的。"

杨培强问："你真是这样想的？"

石志东说："是的，我是农民的儿子，苦日子过惯了，我认为勤俭才能使企业的基业长青，这也是爱企业的具体表现。我认为这样的企业会有很大的发展。"

杨培强给石志东倒了一杯水，问："你愿意到我们公司上班吗？"

石志东说："我就业找单位不在乎企业的大小，而在乎企业是否具有一种精神。这种精神应该是努力向上的精神，这种精神也是企业发展的精神。我在你这里找到了。”

杨培强握着石志东的手，说：“从现在开始，你就是我们公司的一员。不过，现在的工资不高。”

石志东说：“谢谢杨总。工资您看着给。”

石志东上班了。他每天要坐两小时的公交车上班。为了节省时间，他在公司仓库一角搭了一张单人上下床。他随身带的只有一个包，这就是他的全部家当。他就这样来到公司上班了。

来到公司，石志东就投入了低场核磁共振分析仪的研发工作。他守着一台电脑，每天都在调试，一调就是一天。石志东把分析仪分为九大块，这九大块相互配比好，才能处于最佳状况。石志东面前放着一张图纸。谱仪系统是核磁共振成像系统中的核心控制部件，主要功能部件包括射频信号发生器、梯度信号采集器以及序列发生器等，负责序列事件的实现，包括射频信号和梯度信号的产生，核磁共振信号的采集和处理，同时对其他模拟部件完成信号的发送和接收。可以说，谱仪系统是核磁共振系统中的“CPU”，十分重要。

明白这些原理后，石志东试了多次，但就是找不到信号，这可怎么办？一连几天，石志东都没有解决这个难题。他实在累得不行了，于是先上床睡去了。

深夜，杨培强来到了公司，看见石志东睡了。刘利荣还有四五个芯片之间的连接没完成，他一见杨培强来，问道：“这时候你还来？”

杨培强说：“我来看看。”

刘利荣朝上下床看了看，问：“你是从哪儿找到的这个人？”

杨培强不知发生了什么事，问道："怎么啦？"

刘利荣说："简直就是个'拼命三郎'。"

杨培强问："发生什么事了？"

刘利荣说："你这几天没有来，他为了找到信号，已经几天几夜没睡了，我看他实在挺不住了，刚刚才睡下。这小子比我们还拼命，将来一定能够成大器。"

杨培强说："真是这样啊，说明我没看错人。"

刘利荣说："他是吃了干、干了吃，不分白天与黑夜，好苗子。"

杨培强说："我们现在很艰苦，等将来公司发展，千万不能忘了这些与我们一起同甘共苦的兄弟啊。"说着，杨培强坐到了电脑前，操作了起来。

杨培强与刘利荣搞着试验，对每一道工序、每一个图像都进行着仔细的分析。他们的心里有一种紧迫感，也可以说是危机感，这也是杨培强一直想把低场核磁共振技术的优势国产化的原因，他要造出具有自主知识产权、领先国际水平的高端仪器设备，致力于打造国际一流的食品、农业种子、教学分析仪器和技术服务中心。

落后就要挨打，所以中国科学家从来不甘落后。杨培强认为落后不是因为我们在这方面的技术太差，而是因为没有去认真钻研。技术含量究竟有多高，说穿了、想到了就不复杂，就怕想不到；倘若缺少了想象的翅膀，就难以起飞。

正当他们专心致志地分析着每一个数字的变化时，石志东不知什么时候站在了他们的身后。杨培强问道："你不是睡觉了吗？你什么时候起来了？”

石志东说：“我躺在床上突然想起来了，就准备到电脑上来做个试验的。”

杨培强望着站在他面前的小伙子，心里十分感动。他佩服石志东的精神和干劲，科学研究要的就是这种精神和干劲。这样的年轻人不多。

刘利荣笑着说：“人家都说‘拼命三郎’，我看我们三个就是‘拼命三郎’！”

三人都笑了起来。

低场核磁共振分析技术的难度是很大的，因为他们没有例子、没有资料、没有参考，全凭自己想象，想到一点就做一点试验，一点一点地探索科学之路。科学是十分严谨的，来不得半点马虎，否则得到的惩罚将会是严重的，不仅是经济上的损失，更是对科研者心灵上的无情打击。而这两种惩罚都是杨培强他们接受不了的，因为他们没有钱。即使没钱，他们也还要研究世界顶级的低场核磁共振分析仪，这就是他们的精神！如果这点精神再被挫伤了，心理就会被压垮，甚至会一蹶不振。

第五章　陷入困境

心中有目标，脚步就不会停下来。迷茫之时，也就是希望的开始。有梦想的人能在迷茫中更加清醒，然后摆脱迷茫，寻找到方向，穿过迷茫的森林，继续前进。

低场核磁共振分析仪使用效果更好，但研发的难度较大。如果说难度也可以分等级的话，现在杨培强他们比刚开始搞研发时又难了一层。浙江工商大学提出“测橡胶交联密度”的要求，这就是难上加难了。

杨培强真是没有想到客户会提出这样的要求。每增加一个要求，都意味着将是一次重大的突破和革新。曾经，他渴望通过努力学习来改变别人的看法，他尝到了知识的甜头，也知道获得知识的过程中的痛苦，更知道踏上红地毯之前的那段泥泞之路的艰辛难行；现在，命运再次将他送到了风口浪尖上。

测橡胶交联密度，要把橡胶样品加热到九十摄氏度以上，而不同的橡胶温度要求是不一样的。杨培强、刘利荣、石志东三人集中在试验室里，共同研讨。

石志东说：“这个技术可以请外聘的教授帮我们解决。”

杨培强难看的脸色更加难看了，他看了一眼石志东，又看了一眼刘利荣。石志东想今天杨培强的脸色怎么这么难看啊，一定有什么心事吧？

刘利荣跟着说道：“是啊，找找那位教授吧。”

杨培强说：“他向我辞职了。”

石志东说：“怎么能在这时候辞职呢？这不是要人命吗？”

刘利荣说：“你怎么不挽留他呢？”

杨培强说：“留不住啊。人家说我们这个小作坊搞不出世界先进的产品，怕影响了他教授的名誉，所以坚决要求辞职。”

试验室里顿时沉默了下来，三个人谁也不讲话，谁也不愿讲话，好像此时的沉默才是最好的状态。其实，面对这样的局面，他们无语了。也就是在这短暂的沉默中，他们心中各自埋下了一颗坚定信心的种子。杨培强从沉默中醒来，告诉自己一定要继续往前走，往前还有希望；如果因为一两个人的退出而放弃了自己心中的理想，半途而废，那才是最大的遗憾。

杨培强调整了一下自己的情绪，望了望石志东和刘利荣，轻声说：“我们继续干吧。”

石志东望了望杨培强，说：“我有一个同学，能不能让他进来？”

杨培强说：“可以的，不过你要告诉他，现在我们的公司较小，待遇也不高。”

石志东说：“我已经跟他说了。”

泰戈尔说过，使社会变得伟大的人，正是那些有勇气在生活中尝试和解决人生新问题的人！那些循规蹈矩的人不能使社会进步，仅能维持现状。在长期的艰苦奋斗中，面对一个个困难，杨培强始终认为困难就是新的课题、新的起点、新的机会。越是富有挑战性的工作，越是别人不敢干的事情，越能激起杨培强的激情和智慧，他发誓要成为这一行当的专家。

几个人在试验室里挑灯夜战。石志东采集低场核磁共振看不到的波形，刘利荣从AD卡原理上一点一点地寻找。五个芯片，大家从入口端逐步查找，整整寻找了一周，再根据图像慢慢解决。

可是，不同的橡胶对温度的要求是不相同的，这个问题一直解决不了。于是，杨培强采用不同保温材料、玻璃管抽成真空等方法进行了多次试验，都以失败告终。一次次失败的打击，让杨培强感觉似乎没有希望了。

杨培强走出试验室，来到上海交通大学请了一名玻璃真空方面的专家，还是没能解决问题。怎么办呢？他几乎已经无路可走了。杨培强突然想到，高手在民间。他和刘利荣分工负责，找遍了上海所有能够做玻璃抽空的专家，这些专家都是五六十岁的年龄了，有着丰富的实践经验和技术。专家提出将银丝绕在玻璃管上，再套上一层玻璃，从中间抽空。可是银丝怎样穿过玻璃？这一技术很难，如果密封稍稍不合，就抽不成真空。与头发丝一样的银丝，怎样才能做到没有空隙呢？经过研究、试验，银丝解决不了这样的难题。他们又使用了一种很稀有的金属进行辅助，从而解决了密封度的难题，最后形成了一套用于高分子材料研究的核磁共振交联密封度的完整技术。

正当科研一步步向前推进，一个个技术难关被攻克的时候，石志东的心情却一下子变得低落了，上班也没有激情，有时人在试验室，而心好像不知飞到哪里去了。杨培强看在眼里，他把石志东叫到办公室，问道："小石，你这几天心神不定，是不是我有什么方面做得不对，得罪了你？如果有，你一定要讲出来，别憋在心里。是我的错，我就改。"

石志东睁大眼睛看着杨培强，说："杨总，你想到哪儿去了？"

杨培强问："你这几天的情绪不对劲啊。有什么困难说出来，我一定想办法帮你解决。"

石志东说："这是我个人私事，不麻烦公司了。"

杨培强说："我们是志同道合者，又在一起搞科研，作为兄长我也应该关心你啊，你难道不信任我吗？"

石志东低下头，沉默不语。他是一个实在人，不愿讲就没有必要再问下去了。

可是，这件事一直压在杨培强的心上，他找来了石志东的同学了解情况。原来，石志东的女朋友唐冬梅是学习法律的，她一直想在专业上有所作为，于是就只身到深圳去寻求发展了。石志东一直劝说唐冬梅留在上海，而唐冬梅却劝石志东也一起到深圳去发展。双方各自爱着自己的事业，两人的意见得不到统一，结果唐冬梅去了深圳，石志东一直为这事闷闷不乐。加之，唐冬梅在深圳一直没有找到理想的工作，石志东更是担心。

杨培强了解这一情况后，再次找到石志东，告诉他，如果唐冬梅在深圳还没有找到理想的工作，纽迈的大门随时都向唐冬梅敞开着。

石志东说："唐冬梅学的不是核磁专业。"

杨培强说："我们公司发展了，各方面的人才都需要。"

石志东说："公司目前这么困难，我不好意思增加公司的负担。"

杨培强说："办法总是有的，这个你不要考虑，唐冬梅回来就让她到公司上班，待遇和你一样。"

经济社会的发展离不开人才，有了人才，还要留住人才；有了人才，什么人间奇迹都可以创造出来。

天道酬勤，人道酬仁。唐冬梅从深圳回到了上海，担任公司的采购主管。

2007年底，中国第一台谱仪科学分析教学仪在这家不起眼的公司诞生了。这也是一台自主研发、自主创新的核磁共振分析教学仪。

产品包装完成后，一套完整的谱仪科学分析教学仪被送到浙江工商大学食品系。郑韶教授围着仪器转了转，用审视的眼神检测着眼前这台教学仪器，还用怀疑的眼光看着杨培强。

郑韶问道："这是你们公司研制的吗？"

杨培强说："中国目前还没有第二台。摆在你面前的是中国第一台谱仪科学分析教学仪。"

郑韶说："我要进行测试。"

杨培强说："当然要测试，你的测试就是对我们的一次考试。不过，我有个请求，希望你多多地找出不足，提出改进意见。"

郑韶摸着教学仪说："我会的。不过，我也有个请求，在我进行测试的过程中，你不要在场，明天再来学校听结果。"

浙江工商大学组织了一批专家、学者对杨培强的产品进行了一次全面严格的检测，犹如专家会诊一样。杨培强回到旅馆，既耐心又焦急地等着结果。他分不清这是梦境还是现实，又或许梦境和现实就没有区别。他渴盼这一切可以快点结束。杨培强想好好地睡一觉，可是无法入睡。他想起了那个卖火柴的小女孩，每擦亮一根火柴，都是一片温暖，都是一个希望。也正是这种看似不是希望的希望，慢慢串联成一股支撑自己的力量，指引人们走向美好的生活。小小的火柴是多么强大，让自己对生活有所期待。此时，杨培强把自己比作了卖火柴的小女孩。

第二天早晨，杨培强早早来到浙江工商大学食品系。郑韶教授给他倒了一杯水，向他宣布了检测结果："我们有六名教授，每人负责检查一项内容，共进行了六次检查测试，六次都通过了。你的这台仪器，还解决了食品的口感问题，很适合我们的教学使用。"

杨培强激动地握住郑韶教授的手，连声说："谢谢！谢谢！"

郑韶说："我们应该感谢你。现在我国用的教学仪都是进口的，作为中国人我很想用自己国家的产品。现在我们的学生可以做试验了。你还帮我们每年节省了两万美元的开支。你的团队真是不简单！"

此时，杨培强深深地感到，人要努力，努力到感天动地，让别人感到我们执着的精神，让别人觉得我们的工作是值得别人支持的。他们从简单的业务关系变成了惺惺相惜的好朋友，在学术上相互帮助、相互关心。

杨培强再次感受到知识的力量。他明白，人不敬我，是我无才；我不敬人，是我无德；人不容我，是我无能；我不容人，是我无量；人不助我，是我无为；我不助人，是我无善。他的产品经过浙江工商大学的检测，得到了很好的宣传，同时也得到了上海复旦大学、上海同济大学的认可，这些高校纷纷购买了杨培强的产品。

什么是优势？此时，杨培强真正地觉得金钱、房产、学历乃至长相都有可能成为一个人的优势，在所有的优势中，人们却往往会忽视一个看不见的优势，那就是创意、创新。人的大脑对成功起着不可思议的作用，如果你想让自己跟上时代的步伐，创新便是你获得成功的优势。

在杨培强的公司里，有一个奇怪的现象，那就是他的产品虽然得到了认可，特别是得到了高校这样的知识集中地的认可，杨培强却没有批量生产，甚至不生产，只是高校订购的时候他才生产一两台。为什么有了好的产品却不生产呢？那是因为学校教学的需要同社会的需要是不一样的。他总是告诉大家，不能停下脚步；他说我们固然要挣钱，但更多的应该是满足社会。他吃过苦，只要有一点点温饱，就感到很幸福。他的幸福感很强，很容易得到。他力求把事做好，把企业做好，他要把大家带往正确的方向，适应社会的发展。因此，在他的企业里，研发人员有八人，而销售人员只有两人。从这一点上可以看出，他注重研发新产品，注重产品的自主创新，而销售是次要的。

杨培强认识到，低场核磁共振成像技术必须推向社会，要在一个较大的技术领域中进行，这样才有利于发展。他知道，在国内只有他的公司能生产低场核磁共振成像仪器是远远不够的。国内目前能够培养这方面专门人才的院校不多，甚至连教材都没有，与国外差距较大；研发方面，完全具备自主知识产权的技术很少。

科学家最大的责任就是将科学成果用于造福人类。上海纽迈电子科技有限公司的核心产品获得了上海市技术成果转化认证。低场核磁共振成像学可以实现物体内部物质的成像，具有广泛的应用。我国具有NMR实验条件的高校为数不少，但主要是在高校的化学系实验室进行核磁共振成像实验，而医用核磁共振成像仪价格昂贵，无法直接让学生进行实际操作和练习。针对这样的情况，杨培强配合上海市高等学校本科教育高地建设项目基金资助出版项目，参与编写《核磁共振成像技术实验教程》一书，于2008年1月由科学出版社出版。北京大学医学物理和工程实验室教授包尚联在该书序言中说："……编写了这本教程，填补了这方面的空白。同时，他们利用上海纽迈电子科技有限公司生产的、能够用于教学实验的台式核磁共振成像仪，开发了30多个教学实验项目，这是对NMRI教学的一大贡献。相信在整个教学过程中，这些实验的内容和水平将会不断地得到完善和提升，对国内高校相同或相近专业的核磁共振成像教学将会有很大的促进作用，这是一项非常有意义的工作。"

《核磁共振成像技术实验教程》主要编著者汪红志、张学龙、武杰在前言中说："在本教程的编写过程中，上海纽迈电子科技有限公司的杨培强……给予了很多关心和帮助。杨培强……在初稿撰写时提出了许多很好的建议，并持之以恒地支持本教程的出版。"

作为一家民营科技企业，放着挣钱的产品不做，而是帮助高校出版教材，把自己苦心获得的宝贵技术经验毫无保留地传授给更多的人。有人说杨培强这是自己砸自己的饭碗，有人直接说杨培强就是个“书呆子”。面对这些，杨培强总是一笑了之。因为，在杨培强的心中，科技是全人类的，不是个人的；科技的作用在于运用，而不是藏着。核磁共振技术是遵循自然的科学技术，是分析自然物质的内部结构及成分的，是为人类适应自然而产生的。所谓自然，万物生长，自然而发，可谓人类文明或文化之外的一切存在。

上海纽迈电子科技有限公司渐渐在同行中有了影响。浙江大学、四川大学上门订货。美国通用电气公司暗中考察了上海纽迈电子科技有限公司半年时间，对纽迈从硬件到软件以及设置都进行了分析，觉得纽迈很是符合他们的要求，于是购买了一台PQ001型号的核磁共振分析仪。2007年纽迈公司销售额为两百万元，2008年达到了三百万元。

2008年，西北大学需要建一个国家级重点实验室，采取公开招标的方式进行。这是一个难得的机会，杨培强理所当然地参加了投标，但他们从来没有接触过投标流程，一切对他们来说都很陌生。从做标书开始，到填表、论证，他们的每一个数据、每一项指标都经过准确的实验。他们满怀信心地加入了投标队伍，可是满腔热忱换来的却是一盆冷水。因为他们没有经验，对竞标单位和要求也了解不足，递上去的标书几乎原封未动地被退了回来。

这一盆冷水让杨培强明白，他们离真正的低场核磁共振技术的距离还很远，原先取得的成绩也只能算是皮毛。杨培强没有被挫败、击倒，没有在失败面前丧气，而是从失败中找出差距，找出自己公司的产品与国外的先进设备究竟存在哪些差距，外国的设备好在哪里，自己的设备差在哪里，然后根据这些差距再研发自己的产品。杨培强就是这样在挫折中发现希望，在失败中总结经验，然后再站起来继续前进、奋斗。

杨培强愈是在风雨飘摇的时候，愈是心灵宁静。他能穿透所有的不平静，找到那核心的东西，然后笃定地坚持下去。

于是，杨培强他们继续研发着低场核磁共振仪器。他们得知湛江一家企业需要纤维交联密度分析仪，并且也是进行公开招标。杨培强带着他的团队，继续进行实验，做标书，夜以继日地进行产品的创新研发。他们一连干了一个多月，终于做好了标书，满怀信心地前往湛江。到了招标现场，当他们拿出投标书的时候，招标方就是不相信他们能研制出纤维交联密度分析仪。就因为这个不相信，他们的投标失败了。面对这样的不公，杨培强陷入了沉思。怎么办？不能退缩，退缩就没路可走了，就是死路一条。不退缩呢？不退缩就要继续搞研发，搞研发是需要资金、时间和厂房设备的，还要再投资，可是没有钱，没钱又是死路一条啊。

杨培强原先对困境的理解就是字面上的，而如今真的遇到困境，他才知道了困境的难度，并且已经陷入困境之中，退也不是，进又不能。一直不畏艰难、不怕打击、不怕挫折、不怕失败的杨培强选择了继续前行，继续搞科学研究。为了科研，为了低场核磁共振，家里的钱已经用光了，杨培强向姐姐借了十万元作为科研经费，继续开发新的产品。

屡败屡战的精神，执着的追求，都源于杨培强心中的那个梦想。从教学仪器到低场核磁共振分析仪，杨培强要实现心中的梦想。现在，他要在困境中创新，在艰难中前进了。

天道酬勤。2008年，纽迈成功研制出第一台低温冷冻设备，该设备入驻俄罗斯。

随着企业的发展壮大，人员越来越多了，中国核磁共振分析仪的核心技术也渐渐成熟了。杨培强要向能源、食品、农业等更多领域进发，但是公司场地太小了，已经到了无法生产、调试的地步，严重制约着公司的发展。他们的办公场所十分拥挤，连大厦的物业管理阿姨都觉得他们根本就不像是搞科学研究的。企业再次陷入了困境之中。

迷茫，无助，艰难。

就在杨培强为扩大企业规模犯愁的时候，江苏省苏州高新区负责招商的人主动找到了杨培强，并当场决定为他提供七百平方米的用地，其中一百平方米免费使用，六百平方米按最优惠的价格再减半收取租金。

比起现在的六十多平方米，七百平方米的场地真的很大了，可以集研制、生产于一体了，这是他梦中都想要的场地啊。杨培强感谢苏州高新区的邀请。但是，有人提出了反对意见，认为要发展可以在上海发展，没有必要跑到苏州；再说，上海是国际化大都市，市场前景广阔。杨培强劝说大家要把眼光放远，科技是世界的，是全人类的，不管在哪，只要是高科技的产品，只要对人类进步有贡献，就一定会有市场的。杨培强决定转战苏州。可是，当统计愿意去苏州的人员时，石志东的同学首先提出不愿意去苏州，还有两名技术人员也提出不想到苏州工作。这是杨培强万万没有想到的，他被这突如其来的“辞职”一下子打蒙了。但是，他很快又镇定下来，稳住了情绪，同意了他们的辞职要求。

在人生的旅途中，每个人的目标是不一样的，所以杨培强没有责怪辞职的员工。他心中有一个坚定的信念，只要追寻着属于自己的王国的踪迹，就能演绎自己的精彩。

第六章　转战苏州科技城

心中有梦想，还需要不断去追。在追梦的路上，总会有坎坷挫折。但是，只要把梦想当作终生追求的事业，不断努力，就总会有成功的那一天。

2009年6月28日，两辆小型客车从上海驶出，开上了前往苏州的高速公路。可是，刚刚驶入苏州境内，就下起了毛毛细雨，而后转成中雨，一直发展到了大雨。客车在风雨中向前，向着苏州高新区驶去。

到达目的地，已是中午时分。杨培强和他的团队共十一人走进了空空荡荡的软件园2号楼车库。七百平方米的车库，对于长期住在上海的人来说，简直就像是一个很大很大的广场。但是这车库在一楼，而且还是毛坯的，什么都没有，地面是水泥地，没有水，没有电。看到这样的情景，随行的人有人开始打起了退堂鼓，有人脸色如要下雨的天一样阴着。杨培强知道大家的心思。上海的办公室虽小，但是很舒服；这里除了大，没有一点儿优势，并且还是在郊区。有些人甚至不愿将车上的物品搬下来。杨培强召集大家站在车库的一角，十一个人围在一起。

杨培强说："大家好，此时此刻我理解你们的心情。这里的条件是差，但是有一点，这里的地方很大，正是我们施展才华的天地。我们是一家专业从事低场核磁共振仪器研发的高科技公司。我们来到苏州高新区落户，高新区帮我们办好了工商营业执照。我们公司的名字是苏州纽迈分析仪器股份有限公司，是以核磁共振技术的利用、创新、应用来服务各行业的。我们是低场核磁共振技术应用的开拓者，是为了打破外国的技术垄断而来的。我们是有使命的，那就是用我们的产品为中国和行业撑起一片蓝天。大家都看到，现在我们的条件是艰苦了点，在来到苏州之前，有三名同事辞职了，我不怪他们，人各有志，大家可以自由选择，我绝不勉强大家。现在想走的，我可以给他补贴回上海。如果愿意留下，就好好干，我相信我们会成功的。越是艰苦，越能锻炼人，这是对我们的考验。现在我宣布刘利荣为公司副总经理，石志东为技术质量总监，唐冬梅为采购部经理。”

杨培强扫视全场所有人，继续说：“我们从上海来到苏州，请大家要注意这样几条原则：一是在利益面前，要坚守道德信仰，要以人伦亲情为重，不要做唯利是图的人；二是对任何人都要尊重，做有道德、有教养的人，就算是和地位低的人交流，也不要显出高傲；三是对待父母要和颜悦色，任何时候都不要忘了父母的大恩大德；四是要一诺千金，说到做到，对自己许下的事和诺言，绝不轻易违背，没有诚信的人，违背承诺的人，就如同没有轮子的汽车，是什么都做不了的。”

外面在下着大雨，哗啦啦的雨声像是打在杨培强的心上。

杨培强说：“你们听到雨声了吗？这雨声就是苏州给我们的掌声！”

大家鼓起了掌，气氛热烈起来。

这时，高新区的一名工作人员匆匆地赶来。他问道：“请问谁是杨总？”

杨培强答道：“我就是。”

工作人员说：“领导现在正开会，让我为你们送来了午饭，你们先吃。这里的条件简陋，有什么困难直接跟我说。水工、电工马上就到。”

杨培强握着工作人员的手说：“谢谢你！我们现在最要紧的就是水和电。”

工作人员说：“你放心，他们马上就到，下午一定通水通电。”

杨培强转身对大家说：“大家先吃饭，吃好了开始行动。”

吃过饭，大家打扫的打扫，搬仪器的搬仪器。外面下着雨，杨培强与大家一起干得汗流浃背。刘利荣买来了最简单的塑料地毯，购置了电风扇，购买了办公桌椅。可是七百平方米的车库根本用不了，只用三百平方米就足够了。

纽迈就这样在风雨交加中落户苏州了。没有庆典，没有鲜花，只有一腔热忱和对理想的追求。杨培强是个不喜欢张扬的人，他是一个脚踏实地的人。

忙碌了一天，终于安顿好了，杨培强让大家休息。他把刘利荣叫了出来。企业向何处去？企业怎样发展？企业的方向是什么？一连串的问号，他不能在员工面前说，要与刘利荣一起商量。他们走在高新区的大道上。雨后的空气是那样清新，让人的心情平静下来。他们是一起从无到有走过来的，是一起创业走过来的好兄弟，什么话都可以说，甚至吵架也行。

杨培强说：“现在我们已经把队伍带到了苏州，我看可以搞医疗器械方面的研究。搞医疗产品，利润也挺高的。”

刘利荣说：“我觉得比较难走，因为我们对医疗行业不懂。”

杨培强说：“我看过这里的科技企业，有相当一部分都在搞医疗器械产品，如果这里形成一个市场，形成一个大的产业区，产品应该是比较好销售的。”

刘利荣说：“我认为还是要慎重一点，这是一个方向的问题，一步错就步步错，就走在错误的路上了。”

杨培强说：“说老实话，我就是冲着医疗器械来到苏州的。”

刘利荣说：“什么？你要改行？”

杨培强说：“你不要激动，我这是跟你商量。如果我们的大方向不把握好了，再努力也没有用。”

刘利荣说：“对啊，方向正确，就等于成功了一半。”

杨培强说：“我现在真的拿不定主意了，不知道该往哪儿走了。”

刘利荣说：“既然来到了苏州，就必须成功，否则我们也没脸面回上海。”

杨培强说：“是啊，我们在上海就是个小作坊，那么大个上海，像我们这样的小企业有成千上万呢。如今来到了苏州高新区，苏州没有嫌我们的企业小。我明天去打听打听，摸摸行情，看看医疗器械能不能做。”

刘利荣说：“也行，一定要走对这一步，否则后果不堪设想。”

夜深了，杨培强躺在床上，怎么也睡不着，翻过来，覆过去。他真的是没有方向了，头脑里一片模糊。企业向何处走呢？他思来想去，认为医疗器械利润高，研发难度又相对较低，容易搞成功，应该是个发展的方向。

第二天，杨培强找到了高新区科技创新局（简称科创局）负责项目申报的居明元。还没有坐好，杨培强就说出了自己的想法。

居明元不紧不慢地为杨培强倒了一杯水，说道："不急，有话慢慢说。"

杨培强说："我考虑过了，还是医疗器械适合我们企业。"

居明元问道："为什么突然想搞医疗器械了？"

杨培强说："我在上海那边有医疗方面的资源，最主要的是医疗器械我们很容易研制出来。"

居明元说："企业是你的，不过你既然落户在我们高新区了，我们就要对每一个企业负责，要为你们搞好服务。企业发展的方向，一定要选好，否则开头一步错了，今后就会步步错。"

杨培强说："我现在真的是对医疗器械很感兴趣。"

居明元说："你感兴趣，可是你有没有考虑过市场对你是否感兴趣？生产研发新的产品，最终都是为了应用。特别是科技产品，更应走在时代前沿，要有超前意识，引领社会的发展。"

杨培强说出了心中迈不过去的一道坎："搞研发时间长，费用大。我们才刚刚起步，我想先赚到第一桶金，再搞我的低场核磁共振仪器研发。"

居明元说："市场是不会等你的。市场行情是瞬息万变的。至于困难，你要相信办法总比困难多。"

杨培强这个从小在苦水中泡大的汉子，面对困难从来没有畏缩过，从来没有这样难受过。如今成了一个科技企业的老板，他深深地感到，这个困难不是一般的困难，而是一个命运的决策，是要将企业引导到什么路上去。如果这一步迈错了，将会“全军覆没”，想东山再起，那将是难上加难了。

居明元说：“我建议你还是搞你的低场核磁共振仪器的研发，这是你的强项，你们在上海已经搞出了成就，就应该沿着这条路走下去。你的强项正好是别人的弱项，而医疗器械研发不是你的强项，你何必放着强项不做，而做弱项呢？这是大忌啊。”

杨培强说：“我看到搞医疗器械的企业都比较红火，这也是一个发展势头。”

居明元说：“我们年龄相仿，性格也相投，文化也相近，你就把我当作兄弟吧。你说，为什么要搞医疗器械，而放弃低场核磁共振仪器的研发？你给我一个充分的理由，我给你参考意见。”

杨培强说：“人都是要生病的，而且并发症也是越来越多，所以医疗事业的发展是势不可当的，特别是高科技的医疗器械，将是今后各大医院所需求的。我觉得这是一个很大很大的市场。”

居明元说：“但是，据我所知，医疗器械是个小众的行业，有很多医院不愿使用国内的医疗器械，都是用进口的。我有个建议，你可以参考。你不要放弃你原先的低场核磁共振仪器研发。你还是要往能源方面发展，这是个大的方向。”

杨培强说：“可是往能源方向发展的困难是不能批量生产，每一个产品的要求不同；而医疗器械可以批量生产，这样就可以节省许多人力、物力、财力。”

居明元说：“有位哲学家说过，无路可走的时候就是路。”

杨培强说：“我真是无路可走。对于是否搞医疗器械，我也是拿不定主意，下不了这个决心，所以一直犹豫着，真是没了方向。”

居明元说：“事情总是会解决的，你不要急，我们共同想办法。”

杨培强走出了科技创新局的大门。他一路沉思，一路不断地问自己，怎么办？路在哪里？在辩证唯物主义者看来，事物的矛盾双方既相互统一又相互斗争，从而使事物不断由低级向高级发展。在人的身上，这样的矛盾时常存在。

一面是眼界上的开拓创新，十年间他在低场核磁共振领域突破了一个又一个难题，拥抱着科技带来的成果；另一方面他又固执保守，不敢前进了。内敛自守与外向创新的思维模式，在杨培强身上矛盾地并存并现着。

作为一个有责任心的企业老板，处在这样的矛盾之中是正常的。其实，矛盾无处不在。身处社会中，尤其是面临重大决策的关键时刻，杨培强不能不处在两难之中。

杨培强一路走到了太湖边上，想放松一下心情。一眼看不到边的太湖呈现在眼前，他的思绪渐渐平缓了一些，心胸也随着无边的太湖开阔起来。此时的杨培强就如太湖里的一叶小舟，没有方向，随波漂动。他有信心，也有勇气，更能吃苦，但是路在何方？他找不到答案。他彷徨在湖边，迷茫地走着，问太湖之水，湖水仍然是那样清澈。无论是在观念里还是现实中，太湖的涨落，太湖沿岸的富庶进步，都让江南儿女魂牵梦萦。太湖给江南人民带来了灌溉之利、舟楫之便、鱼米之裕，是镶嵌于长江三角洲上的一颗璀璨的明珠。傍晚的太湖更加迷人，云帆点点，炊烟袅袅，渔舟唱晚。那点点帆船中，哪一舟是我杨培强呢？

回到办公室，杨培强与刘利荣一起商量着今后发展的方向。杨培强认为医疗器械还是有市场的，这一观点得到了刘利荣的认可。但是，杨培强又认为，低场核磁共振仪器的市场虽然较小，但也是今后发展的方向，而对一个企业来说，应该是先赚到钱了，再去研发更高端的产品。刘利荣知道了杨培强的意思：医疗器械要搞，低场核磁共振仪器不能丢，同时进行。杨培强还强调要求，医疗器械优先，我们要先保证吃饭，医疗器械就是保我们吃饭的。刘利荣认为这样做会分散精力，不利于企业的发展。杨培强还是这样决定了，他们一手做着医疗器械的研发，一手做着低场核磁共振仪器的研发。

市场是不以人的意志为转移的，是一只看不见的手。杨培强的两手经营方案，导致企业举步维艰，因为这两个方向的目标都不是太明确。杨培强常常苦闷，似乎有了方向，实际经营却又十分艰辛。

居明元多次与杨培强接触，他们成了好朋友，彼此推心置腹。居明元每次都劝说杨培强要集中精力发挥自身的优势，劝他还是要主攻能源分析仪器的开发研究。经过一年多的运行，杨培强受到市场的无情打击，开始知道企业进入发展瓶颈期了，每走一步都是很难很难的。人已经精疲力竭了，但是没有取得成效。公司几乎只是为了生存，而不是发展了。

居明元说："企业的发展未必非要走过那么多的攻坚克难的过程才能通向成功，很多的成功就是顺势而为，而不是逆势而上。现在国家提倡能源的节约和开发，我们每一个企业都必须适应国家发展的需要。治理污染也是重中之重的大事，如果再有生产造成的污染问题，就肯定得不到国家的支持和帮助，我们高新区也不会支持这样的企业的。"

杨培强说："现在我的企业真的是有点'四不像'了，当初如果听你的话一门心思搞核磁共振也不会这样子了。可我现在又不愿放弃医疗器械。"

居明元说："现在改还为时不晚。要善于发现信息、捕捉信息、分析信息，这才是决策者形成决策的关键。你放着自己的特长不做，跑到别人的责任田去抢饭吃，当然不会有好果子了。"

杨培强说："是啊，这一年多来，确实是很艰难。我常想起父亲说的'果实是孩子的，树干是中年的，树根是老年的'。"

居明元说："低场核磁共振是你的根，研发创新就是树干，能源就是你的果实。"

杨培强说："目前的情况上又上不得，不上又不行。我只是悔恨当初不够坚定。"

居明元说："世上没有后悔药，不过你现在开始专搞低场核磁共振仪器还为时不晚。"

在居明元的多次劝说之下，杨培强有所心动，可就是没有行动，他还是舍不得放下医疗器械。企业不温不火地发展着。同时，杨培强还要顾着上海的业务，两头跑，两头都不着。两个项目都在发展，但两个项目又都很难发展起来。

面对困难，杨培强百思不得其解。他开始反思，自己是不是真的搞错方向了？居明元说的话是很有道理的，一个企业要发展，首先要选准方向，选准目标，顺应国家发展的需要啊。这是对的，这是正确的道理。我为什么就不听呢？杨培强想不下去了，他把刘利荣叫来，谈起了居明元的说法。

刘利荣说："你是不是准备调转方向了？"

杨培强说："有这样的想法。"

刘利荣说："我看苏州高新区把我们引进这里来，是真心帮助我们的。人家居明元与我们非亲非故，三番五次地引导我们，为我们出谋划策，我看是真心的。但是，你是企业的老板，人家又不好直接指挥你，让你改行。"

杨培强说："是啊。最近我也是这样想的，也许我当初的决定是错误的。"

刘利荣说："当初我们没有听居明元的话。如果我们只做低场核磁共振仪器，现在企业应该是有起色了。"

杨培强说："我还是不甘心啊。"

刘利荣说："如果我们在上海的话，可能就不会有这么多的政策引导和扶持。"

杨培强说："这点我承认，我们在上海就是个小企业，而自从来到了苏州高新区，这里的领导处处为我们着想，只可惜当初我们没有听，导致发展缓慢，现在甚至停滞不前了。"

一个企业发展成这样，几乎是到了半死不活的地步了。两位创始人沉默了。他们此刻的心情是沉重的。沉重的是，当初有人给他们提出了正确的建议，他们没有采纳，而是一意孤行；沉重的是，企业是经不住这样折腾的，虽然没有多大的直接损失，但毕竟时间浪费了，精力浪费了。什么是弯路？这就是弯路！

刘利荣说："我们还是要快刀斩乱麻，当机立断，调转方向。"

杨培强说："我很想这样做，可是现在去找居明元，我有点不好意思。"

刘利荣说："我认为居明元不是这样的人，他会帮助我们的。他很希望我们能够把主要精力集中在低场核磁共振仪器的研发上，特别是在能源方面的研究上。"

杨培强说："我真的是不好意思开口。"

刘利荣说："为了企业，你就委屈一下吧。"

杨培强说："我并不是怕委屈，我是觉得对不起居明元。"

刘利荣说："你实在放不下面子，那就我去讲。"

杨培强说："不不不，还是我当面向居明元解释。"

杨培强硬着头皮来到科技创新局，他要当面向居明元解释。进了科技创新局，他正好遇到了副局长韦纯清。韦纯清将杨培强请进了办公室。没等杨培强开口，韦纯清说道："一个企业的发展不在于眼前的利益。"

杨培强说："你知道我们的情况了？"

韦纯清说："每一个科技企业来到我们高新区，科创局都必须关心、帮助和支持。这是我们的工作。"

韦纯清给杨培强倒了一杯茶，继续说道："我建议你把上海的公司和苏州的公司合并在一起，这样可以集中精力往低场核磁共振方面发展。低场核磁共振技术是一项很有前途、市场比较广阔的技术。如果有困难，我们可以开一个联谊会来解决困难。"

杨培强不解地望着韦纯清："医疗行业的产品是可以批量生产的。"

韦纯清说："医疗产品研发周期长、投入大，持续多年的投入还不知道市场在哪里，你一定要慎重考虑。我们可以请金融办、人才市场、项目办负责人来一起分析，总能找到企业发展的方向。"

2010年初的一天，杨培强接到通知，来到了苏州高新区负责人才申报工作的吴金华的办公室。吴金华让杨培强申报"姑苏创新创业领军人才"。填写表格的时候，杨培强深深地感受到，高新区确实是在为企业服务，为科技发展服务，努力把政策用好、用活、用足。

吴金华为杨培强倒了杯茶，问道："有什么困难吗？"

杨培强是个不抱怨、只奋斗的人，此时他倍感亲切与温暖。他说道："现在苏州申报'领军人才'，还有哪些方面的手续需要办理？"

吴金华说："还需要进行答辩，当场回答专家的提问。"

杨培强说："还要答辩？"

吴金华说："是的。所以首先要做好资料，你的项目要能打动评委。"

杨培强愣在吴金华的对面。

吴金华说："我建议你应该在低场核磁共振方面深入研究，开发创新。"

杨培强说："你为什么也这样说啊？"

吴金华说："我不知道还有谁对你这样建议过。我觉得低场核磁共振分析仪器是你的强项，而且分析仪器也是我国目前一个相对薄弱的领域，你有这方面的特长，应该充分发挥。我知道低场核磁共振分析仪器的竞争对手是国际上的跨国大公司，但这也是一个发展的机会。"

杨培强说："低场核磁共振分析仪器研究投入大，目前我们企业的规模较小，还不能全力搞低场核磁共振分析仪器。"

吴金华说："你要相信我们高新区。既然你从上海来到高新区落户，我们就有责任帮助你。你有什么困难尽管说，只要政策允许，我们会尽一切办法帮你解决的。"

"有什么困难就提出来。"自从来到苏州高新区，杨培强听到很多领导说过这句话，这些领导是真正地为企业着想。这是政府的情怀，这是政府真情的服务。他感到十分亲切，在这样的环境里搞科技研发，即使遇到困难，也会有人帮助。对一个在外创业的人来说，能经常听到这样的话，就像吃了蜜一样甜。作为一个从小生活在贫困中的科研工作者，杨培强懂得这句话的温暖。这是他与吴金华的第一次接触，他再次感到了苏州高新区的真诚，感到了家的温馨。

在申报"姑苏创新创业领军人才"的过程中，吴金华从材料的把关，到答辩时要注意的事项，都对杨培强进行了指导，甚至相关的细节都陪他进行了演练。杨培强却有些心不在焉，时常走神。吴金华经过了解才知道，原来纽迈遇到了资金上的困难，银行不给纽迈这样的小企业发贷款。原因有两个，一是没有看到纽迈的科技成果，二是纽迈的财务报表“太难看”了。资金是企业发展的血脉，杨培强又是个有困难不太愿意讲的人。吴金华知道银行是个“嫌贫爱富”的单位，谁越有钱就越愿借给谁，谁越没钱就越不愿借给谁。

吴金华一边帮助杨培强整理答辩的材料，一边悄悄地帮纽迈联系银行，帮助寻找资金，可是得到的结果几乎都是一样的：纽迈没有厂房，没有设备，财务报表较差，加之研发的投入较大，银行看不到希望，都婉言拒绝了吴金华。

在苏州市会议中心的答辩中，杨培强得到了专家的一致好评和认可，顺利通过了答辩。

吴金华继续为纽迈与银行牵线搭桥。他让银行了解到纽迈的创新能力和潜力，并提出可以通过“科贷通”和“苏科贷”的方式贷款，由政府、企业、银行共担风险。在这样的条件下，银行给纽迈投入了资金。拿到贷款后，杨培强才知道是吴金华在背后做了大量的工作。

面对企业发展的困境，杨培强常常枯坐一室，郁闷至极。他琢磨着企业发展的方向，怎样才能摆脱困境？

就在此时，博士生李艰从组织部门调到了高新区科技创新局任副局长。李艰在开展企业调研的时候，接触到了杨培强。李艰开门见山地告诉杨培强："医疗行业的产品门槛高，你的优势是低场核磁共振产品，这是有发展前途的，你应该在这方面大力研究。"

杨培强面露难色。他现在也想调头，但调不过来。俗话说，上台容易，下台难。

李艰仿佛看出了杨培强的心思，对他说："企业的发展难免会遇到一些困难，但在困难面前不能停滞不前，要想办法解决困难，甩掉包袱，轻装出发。"

杨培强重复着："甩掉包袱，轻装出发。"

李艰说："对。如果拖着包袱，会拖垮企业的。包袱犹如一只大毒瘤，一定要下决心割掉。这样，企业才能健康地发展。"

杨培强想说什么，但还是咽了下去。他说不出口。他骨子里是文化人，是科研人员，是知识分子，也是农民的儿子。他淳朴诚实，不善经营，他的特长是搞学术研究。

李艰似乎看出了杨培强的腼腆与淳朴。他觉得这是一个人的本色，是一种高贵的品质。这不是缺点，而应该是杨培强的优点。科学来不得半点的虚假，从杨培强身上，他看不到虚假的成分。杨培强走过雨，走过风，走过跌宕岁月，饱经风霜，唯有家国始终是他心中最美的情结。几十年过去了，岁月已老，初心不老，梦想仍存。杨培强执着的始终是心中那种科技兴国的情结，深入骨子里的情结。

调研结束了，李艰对杨培强说："有什么困难可以直接告诉我。"

杨培强没有找李艰。性格决定成就，有什么样的性格就会有什么样的人生。杨培强天生就是一个不愿意麻烦别人的人，他不愿意给别人增添负担，有问题他都是自己想办法解决。但他忘了，有些困难一个人是解决不了的。

杨培强在办公室里再次思索着企业的命运和发展方向。企业已经到了发展的关键时期。他知道，他对医疗器械市场的分析确实不够。他再次在内心深处悔恨当初没有听居明元的话。如果现在回上海，损失会更大。回上海的出路不大，不回上海、改变思路还有希望。因为苏州高新区是真正地关心着企业的发展和生存的。他思来想去，决定在苏州立足，像李艰说的那样甩掉包袱轻装上阵。

就在此时此刻，苏州高新区科技创新局会议室内正在讨论江苏省科技成果转化项目的落实情况。李艰提出项目可以给苏州纽迈进行成果转化。有人提出了不同意见，认为纽迈是一个小型科技企业，人员不足，科研经费不足，运作了三年，企业的发展方向不明确，更重要的是销售业绩上不去，说明产品得不到市场的认可……把科技成果给这样的企业，不如给销售额过亿的那些大企业。

事实摆在参会者的面前，众人的讨论非常激烈。

李艰说："科技成果的转化资质不是建立在销售额上，而是建立在科技含量上。目前苏州纽迈正处在企业发展的瓶颈期，刚才有人说得对，他们是迷失了发展的方向，可是我们就是要给他们指出一个明确的发展方向。纽迈作为一家招商引资企业，既然被招进来了，我们就要对他们进行扶持、引导、服务。更重要的是，纽迈的杨培强和刘利荣都是真正想做事的人，只是他们的认识出现了偏差，导致企业陷入了困境。搞科学研究首先需要诚实，这一点纽迈做到了。虽然纽迈如今的发展较难，但是，他们在年产值只有一千万元的时候，向国家缴纳了两百多万元的税收，从来都没有欠过国家一分钱。这就是人品，这就是一个人的德行。我们应该支持这样的企业，用成果转化项目促进他们的发展。但是，项目的要求是比较高的，也是比较严格的。面对这样的企业，我们的工作人员付出会更多，因为我们要拉着他们走，指导他们做好资料的整理，引导他们实现企业正规化，监督资金的使用情况。”

接到了江苏省科技成果转化项目申报通知，杨培强简直不敢相信这是真的，他做梦都没有想到，他会有这么高级别的项目可做。他激动，他兴奋。想起小时候的饥饿岁月、企业发展遇到的坎坷与挫折，他的眼角湿润了。这个项目就像是一针强心剂被注入纽迈的血管里，让纽迈焕发了青春。在他艰难跋涉的时候，是苏州高新区伸出了温暖的援手，把他从迷茫的困境中拉了回来。后来，杨培强多次深有感触地说过，如果不是苏州高新区的帮助和指导，苏州纽迈就不可能站在世界低场核磁共振市场的前列。

从此，杨培强全身心地投入低场核磁共振仪器的研究开发。他在迷茫中找到了方向，有了目标，重新点燃了心中的梦想。

项目能否申报成功？这个难题又摆在了杨培强的面前。

第七章　好风凭借力

生命中可能会有无数的失败、迷茫、挫折，但是只要心中的梦想不变，人生中的一切不幸就都是渺小的，再大的困难也不是困难。让考验来吧，不是在考验中灭亡，而是在考验中发展、壮大，在考验中重生。

当然，机遇有了，但是，挑战也同时到来。机遇与挑战总是并存的。杨培强面临的又是一场新的考验。

江苏省科技成果转化项目是苏州纽迈承接的第一个政府项目，要想申报成功，需要做大量的工作，并且都是专业性、规范性较强的工作；还要通过答辩和专家的评审才能获得项目。

杨培强没有经验，显得有些束手无策、无计可施。因此，项目申报前的准备，再次成了杨培强的困难。有一点是肯定的，在命运面前，杨培强从没有怕过，也从未低下过头，从未屈服。他要做命运的主人。

纽迈的员工一直是社会上的“自由人”，对项目规范的文件怎样写完全不了解，如何答辩对他们来说也是难题。针对这种情况，苏州高新区科技创新局派出专业人员指导他们做好准备工作，从产品的研发方向、三年内资金安排的规划、市场的开拓与应用、科研人员的安排，到技术的创新亮点等都要有清晰的思路。杨培强一方面安排了专门人员做资料整理工作，另一方面要准备应对专家当场提问和答辩。

2013年7月，项目申报专家组来到了苏州纽迈公司进行实地考察，查看了所有资料和档案，对纽迈过去获得的科研成果等都一一进行了十分仔细的检查，对公司的生产车间、科研设备等也都进行了认真的调研。

最重要的是杨培强的现场答辩。省专家组十多位来自不同领域的专家坐在杨培强面前轮番提问，并且问的都是一些“高难度”的问题。

杨培强站在讲台上，向专家汇报企业将以能源为主体，研发低场核磁共振能源分析仪器；现在我国的地质分析依靠的是国外企业生产的分析仪，但外国的仪器价格昂贵、维修不便；更重要的是，我国的地质资料被国外的企业掌握了，因此迫切需要解决目前国外低场核磁共振仪器对国内企业的垄断局面；还有食品、种子低场核磁共振分析仪，同时开发医疗器械分析仪器；探索低场核磁共振前沿科学领域……

坐在台下的李艰与韦纯清、居明元对视了一下，他们被杨培强的汇报说得有点摸不着头脑，因为杨培强的汇报已经偏离科研的方向了。他们干着急，可是捂不了台上杨培强的嘴。等杨培强汇报完，轮到专家提问了。

“你到底想做什么产品？”

“这么多仪器能不能做出来？”

李艰和居明元着急了。

杨培强的头脑一片空白，乱了方寸。

“你的科研基础是什么？”

……

一连串的提问，让杨培强蒙了。他做过大学老师，做过中学老师，站在讲台上时，能把复杂的问题讲得通俗易懂，是同学们喜爱的老师。管理公司时，他同样可以把一个复杂的问题讲给员工听，也能讲得清清楚楚。可是偏偏今天，在关系到企业命运的关键时刻，自己却如此“怯场”。事已至此，说出的话如泼出的水，收不回来了。

最后，省里专家组的结论是，建议纽迈专攻能源方面的分析仪，重点是石油分析仪；纽迈的科技成果和生产场地也不符合要求，所以申报不能通过。

这样的结果，无疑狠狠地给了杨培强当头一棒。这一棒打得他半天说不出话来。此时的纽迈真的是太脆弱了，如同风中的一棵小草，如同失去方向漂泊在太湖中的一叶小舟，经不起风雨，更没有抗击风雨的能力。

杨培强欲哭无泪，愣愣地瘫坐在那儿。

居明元劝他说：“不要太难受了，在哪儿跌倒就在哪儿爬起来，继续努力。”

杨培强说：“还能爬起来？”

李艰说：“当然。做好思想准备，我们再帮你做第二次申请工作。”

杨培强再次看到了希望。经历风雨看到了彩虹，更让人感到彩虹的美丽与光彩。

居明元说：“你的思维太活跃了。你就只说石油能源，其他的就不要说了。我和李局长坐在下面都被你说得云里雾里的，没有方向了。”

韦纯清说："一定要改变方法，要适应专家的要求。"

李艰说："根据省专家组的意见，要专攻能源方面的分析仪。"

居明元开玩笑说："亏你还做过大学老师，面对这样的场面，也紧张得乱了阵脚。"

杨培强说："是紧张，不过我紧张是因为生怕得不到这个项目。你们都知道，我们企业现在十分困难，非常想得到这个项目的支撑，所以我就紧张起来了。"

韦纯清说："我知道了，你是越想得到就越紧张。"

杨培强说："是的。"

李艰说："争取做好第二次的答辩，不要紧张，就盯着一个目标——低场核磁共振能源分析仪。"

居明元说："能源分析与研究是国家倡导的方向，你们企业要跟着国家的大政方针走。"

李艰说："你的企业在上海已经取得了一定的科技成果，怎么会没有资料，缺少科技档案？"

杨培强说："当时就是一个小作坊，也没想到会做到这么大，所以资料都没有留下。"

李艰说："这次申报没有成功，还有一个重要原因是你们的科技成果没有档案的支撑。通过这次申报，我们也要督促你的企业走上正规化的发展道路，一步一步地稳步向前。"

杨培强说："过去我们一直在开拓市场，忽视了这方面的建设。"

李艰说："第二次申报中一定要补上组织架构，产品应用这些也都要有。第二次申报要比第一次更严格，你要有充分的思想准备。"

居明元说：“我再提醒你，千万别紧张了。”

李艰说：“我们就是要为企业争取项目，就是要把政策用足、用好。第二次申报必须成功。”

一段时间后，在居明元的帮助下，纽迈重新按规范整理了所有的档案资料，试验室也进行了设备添置和优化，并且明确了将低场核磁共振技术作为企业今后发展的灵魂，以研发石油能源分析仪作为企业发展的突破口，兼涉农业良种的分析仪研究开发与应用。

这次，杨培强完全采纳了居明元的意见，彻底放弃了医疗器械，确定了企业发展的灵魂，以低场核磁共振技术为中心，一切围绕低场核磁共振技术，完全投入低场核磁共振技术的研究、开发与应用，并向农业、食品等领域扩展。

时隔不久，江苏省科技成果转化项目组再次对纽迈的项目申报进行了论证。这次，纽迈的硬件和软件条件都顺利地通过了论证。人们又担心杨培强的答辩了，生怕他答辩时思维又出现跳跃，答非所问。杨培强在台上答辩，坐在台下的李艰和居明元为他揪着心、捏着汗。然而这次，杨培强在答辩时，对企业的发展做了一个长远的规划，并对公司要做什么仪器，什么时候完成，沿着什么方向发展，重点的技术攻克，资金的使用，科研小组的架构，等等，都进行了一一阐述。他紧紧围绕着低场核磁共振技术，讲了当前研发的必要性，发展的目标，发展的趋势，等等。他的这次答辩得到了专家的一致好评，申报顺利通过。

从此以后，苏州纽迈在政府项目的支持帮助下，实现了企业的正规管理和发展。纽迈坚定地朝着政府指导的方向发展，将自身的发展模式与政府的要求结合在一起。

一下子，苏州纽迈无论是在管理上，还是在项目的研发上，都向前迈出了一大步，并且有了明确的方向。所有员工也知道了该做什么，该怎么做。政府的项目管理要求高，有项目管理的模式，更是促进企业发展的良好契机。通过这个项目，政府部门对纽迈进行了有序的监督、提醒、指导，让纽迈少走了弯路，走上了正规化的发展道路。

也就在此时，居明元从科技创新局调到了科技城科技和人才局工作。由于工作的关系，他与杨培强接触的时间和机会更多了。他经常与杨培强一起探讨科技企业的发展途径，为杨培强提供一些可借鉴的方法和措施。2013年，居明元建议杨培强增加注册资金，这样可以承接更多的研发项目。

杨培强是一个做实事不在乎小节的人，他总认为只要在科技上有所成就，不必在乎注册资金的多少。纽迈的注册资金是两百万元，他认为已经足够了。居明元对他说，纽迈的产值已经达到了三千万元，为了企业的长足发展，为了能够获得更多、更尖端的科技项目，为了能够争取国家级项目，还是要提前做好准备的。

为了促进企业的发展，高新区每年都要组织落户的科研单位举办四次联谊会议，征求他们的意见，同时也给他们提建议，进行市场分析、政策引导，进行产、学、研的对接。别人都会借这样的会议谈生意、谈合作，寻找商机。杨培强与一些单位接触时，不谈生意，而总是问对方需要什么。他不谈钱，而总是问技术上的事。他甚至和客户一起研究起了客户要求改进的技术。可是员工们不高兴，因为企业要生存，必须靠赚钱来支撑，他们看不懂杨培强。杨培强却非常高兴。他是从老师到老板的，与专家、学者交流的都是技术上的事，人们根本看不出他是一个生意人。科研院所的专家都愿意与杨培强交流，他们认真探讨科学技术，提高产品的科技含量。

在交流中，杨培强发现一些企业在不断地增加注册资金，以抬高企业的身价，同时也为了有利于企业的发展。为了获得更多的合作机会，纽迈的注册资金增加到了两千万元。同时，纽迈的低场核磁共振仪器都是根据专家的建议、根据一些企业的要求、根据实际发展需要研发的，而不是仅凭理论研发的，因此能够解决实际问题，渐渐得到了用户的肯定和喜爱。这时候，员工们从原先的不理解变成了佩服。

国家针对检测分析仪器发展薄弱的情况，提出要促进分析仪器的发展，在全国进行国家级重点项目的招标。韦纯清带着杨培强到省里申报，到北京请专家指导，一直跟踪服务。回到苏州后，他们一起整理材料。在高新区科技创新局的帮助下，苏州纽迈获得了国家重大仪器设备开发专项“高性能核磁共振弛豫分析仪的开发和应用”的申报资格。

听到这个消息，杨培强非常高兴，韦纯清却非常担心。因为，这是国家级重大科技项目，申报要求严格，科技含量高。韦纯清担心杨培强万一在答辩现场再来个“紧张”，那就完了。

于是，韦纯清放弃了所有的休息时间，几乎是将办公室搬到苏州纽迈了。杨培强是搞科研的，对资金的安排不太懂。现在公司采取了新的资金管理方法，面对专家，杨培强该怎样表达？于是，材料形成后，韦纯清还要一段一段地讲给杨培强听，要让杨培强理解透彻，并且能讲得非常流利。经过多次锻炼，杨培强能够回答了，思路也比较清晰了。韦纯清还是不放心，他把高新区科技创新局、金融办的相关领军人物请到了纽迈公司，组成了一个临时的“专家组”，让杨培强站在台上，进行模拟答辩。一遍又一遍地模拟，一遍又一遍地练习，一遍又一遍地提问，直到杨培强不紧张为止。

到省里答辩时，杨培强站在讲台上，台下是专家。韦纯清静静地坐在台下，内心却比杨培强还紧张。但是，他必须镇静，他的镇静会给杨培强信心和勇气，会给杨培强送去力量和自信。

面对专家的提问，杨培强不紧不慢地回答了每一个问题。在专家提问时，在杨培强回答时，韦纯清的眼光不停地在专家和杨培强之间移动着，注视着每一个细节、每一次问与答。

经过两个多小时的一问一答，杨培强通过了专家答辩。杨培强显得十分兴奋，韦纯清却是一脸的不悦。杨培强感到奇怪，不解地问：“怎么了？我们不是通过了吗？”

韦纯清说：“下一站就要去北京答辩。北京的专家都是全国顶尖的。我觉得你回答问题时还存在缺陷。”

杨培强兴奋的脸也沮丧下来：“还有什么缺陷？”

韦纯清说：“你在台上答辩时，我注意观察着每个专家的面部表情，其中有个别专家对你的回答不太满意。”

杨培强问：“是我答错了？”

韦纯清说：“不是你答错了，而是答得非常对。”

杨培强不解地问：“那为什么啊？”

韦纯清说：“因为你用的几个词不太好。”

杨培强问：“什么词？”

韦纯清说：“就是你用了‘最好’‘科技含量最高’‘顶级的’等绝对的词。”

杨培强说：“这些都是真的啊。”

韦纯清说：“你知道吗，当你说出这些话的时候，别人可能会觉得你太过骄傲自大。所以你要保持一贯的做人风格，要谦虚，不能把话说满了。”

杨培强一拍脑袋：“对啊，我怎么会这样说呢？科学是无止境的，没有最好，只有更好啊。”

韦纯清说：“这个不怪你，主要还是因为你想要获得这个项目，所以说了满话。到北京答辩时，一定要注意这一点，不要讲满话，不能有多余的话，这是细节问题。”

杨培强说：“我一定做到。”

韦纯清说：“还有就是，并不是给了经费、给了项目就好，企业的管理也要讲，管理必须上台阶；科技是为了社会的进步，为人类造福的；还有就是你的思路、企业的理念也要讲。”

杨培强说：“行。下一站北京的答辩，你必须还坐在台下，这样我就有一种安心的感觉，就有了底气。”

韦纯清又陪着杨培强到了北京。在北京的答辩会上，杨培强的答辩得到了专家的一致好评。

经过十个月的苦苦努力，苏州纽迈成功申请到了国家重大仪器设备开发专项“高性能核磁共振弛豫分析仪的开发和应用”项目。获得这样的项目后，纽迈的管理要求更加严格了，同时，纽迈也成了高新区的重点关心企业。这个项目的落户，使苏州纽迈上了一个新台阶，走到了一个新起点，迈上了一个新高度。高新区科技创新局分阶段对纽迈进行项目执行培训，提供科技服务，一步一步拉着纽迈走上正规化的发展之路，使纽迈从小到大、从偏到全，进一步明确了发展方向，坚定了发展信心，奠定了稳步发展的基础。杨培强知道当初居明元多次让他增加注册资金的良苦用心了。

苏州纽迈走出了困境。杨培强站在太湖边上，望着烟波浩渺的太湖。这是江南的母亲湖。青山逶迤，林木葱郁。面对着多姿多彩而浩瀚博大的太湖，杨培强感受到了其内在文化精神的律动。这种文化精神，体现为“天行健，君子以自强不息”的日日新、月月新，体现为“地势坤，君子以厚德载物”的海纳百川与兼容并蓄。杨培强再次感慨，从上海来到苏州是正确的选择。企业能发展到今天，获得国家的认可，离不开高新区的帮助与指导。他知道，没有高新区的指导，就不会有纽迈的现在，更不会有他杨培强的今天。

一路的成长，一路的艰辛。十年磨一剑。纽迈公司从一个小作坊成长为能够承接国家重大项目的公司了。他们迎来了公司十周年的庆典。为了答谢长期以来关心纽迈发展的专家、学者，公司开展游黄浦江的活动。黄浦江是上海的母亲河，象征着这座城市的精神和不灭的生命力。黄浦江两岸荟萃了上海城市的风貌。大家看着两岸林立的高楼、不同风格的建筑群落，感受着大上海的变迁。

夜幕降临，郑韶和杨培强站在游艇上。两岸的灯光交相辉映，两岸的高楼高耸入云，上海的美以另一种形式震撼着来自四面八方的游客。杨培强看着高楼上闪烁着的各色霓虹灯广告倒映在江面上，他沉默不语了。他知道上海是国际化大都市，黄浦江上国内外游客、货轮比比皆是。他在想，全球的黄金地段，打的是外国产品的广告，那一闪一闪的灯光，就像是在向游人示威一样。

郑韶见杨培强沉默不语，问道："今天是十周年庆典，怎么不高兴了？"

杨培强说："我在想我的低场核磁共振仪器何时能走出国门，为中国人争光。"

郑韶说："纽迈是世界的品牌。"

上海科学仪器创新联盟理事长刘蓝说："低场核磁共振分析仪是一个创新项目，不但市场潜力巨大，更有望填补科技领域的空白。"

郑韶说："不过在大的仪器研发方面还是要继续努力。"

刘蓝说："纽迈用了十年时间，从上海走到了苏州，再从苏州走向了全国。纽迈能有今天，离不开苏州高新区的鼎力支持。"

杨培强说："是啊，自从我到了苏州高新区后，那里的领导几乎是手把手地教会我创建纽迈的体系、架构。"

郑韶说："苏州是一片肥沃的土壤。"

刘蓝说："你们俩都生活在天堂。郑韶在杭州，培强在苏州。"

郑韶说："刘理事长是在国际化大都市。"

刘蓝说："如果纽迈还在上海的话，那么可能就是一个微不足道的小企业，不会有今天的成就。”

郑韶说：“杨培强的核磁共振仪器将会是我们民族的品牌。”

刘蓝说：“你郑教授这样说，我能理解。苏州高新区确实做得不错，扶持了这样一个发展潜力大、对社会贡献大的企业。能让这么小的科技企业发展成具有国际竞争力的科技企业，真的不容易。”

郑韶对杨培强说：“培强，我今天可要批评你了，你是个不懂感恩的人。”

杨培强说：“这话怎么说？”

郑韶说：“十周年庆典，苏州高新区的领导怎么一个都没来？”

杨培强说：“我请了，他们一个都不肯来。他们说只要我们发展得好，就是对他们最好的回报。”

刘蓝说：“有这样的领导班子，纽迈一定能发展得更好。”

杨培强说：“是啊。这么多年来，我们一帮外地人在苏州打拼，让我深有感触的不是科技难题，而是高新区领导的服务意识、主动意识。他们给企业的优惠政策总能在第一时间通知我们，如人才的引进，对引进人才的资金支持、住房补贴支持、创新人才支持等都做到了，比我们想象中的还要好。他们很尊重人才，很尊重科学，他们的工作很接地气，总能急企业之所急。有他们的服务，我总觉得工作更有干劲了。我一定要把企业做好，否则对不起高新区的领导。”

郑韶说：“我们的杨培强是一位实干家。”

杨培强说：“不能这样说，应该说是苏州高新区的领导拉着我们走。他们还经常发放一些调查表、调研表给我们，征求我们的意见。我们的相关要求很快就能得到落实，困难总能及时得到解决。

特别是我们接下了国家重点项目后，人才紧缺，希望组建一个高科技人才的团队，高新区就给了政策，让我们引进了几位博士。”

刘蓝说：“你离开上海的时候，我还为你捏了一把汗，担心你这样前沿的科技企业，在苏州能不能发展下去。”

郑韶说：“刘理事长这次是失算了。”

杨培强说：“我还有一个特别的感受，如果不是亲身体验，是感觉不到的。就是每次当我遇到困难的时候，心里不会害怕，而会到高新区管理委员会去倾诉，高新区管理委员会成了我的‘娘家’。公司发展中的很多困难也都能及时得到解决。”

刘蓝说：“有这样的服务，企业怎能不发展呢！”

郑韶说：“杨培强是找到一块风水宝地了。”

杨培强说：“苏州高新区西临烟波浩渺的万顷太湖，东依有两千五百年历史的苏州古城，素有‘真山真水园中城，科技人文新天堂’的美誉，是全国首批国家级高新区之一。苏州高新区把创新理念贯穿于经济社会发展的各方面，打造创新政策高地，加强创新文化建设，形成宽容的创新环境；注重运用市场手段引导企业转型升级，使市场‘无形之手’、政府‘有形之手’、群众‘勤劳之手’更好地结合起来，努力构建一个生命力旺盛、根植力强大的创新生态系统。在这样的环境中，我们怎能不发展呢？我们纽迈能有今天，真是离不开高新区的引导、帮助和支持。”

郑韶说：“你是从车库里发展起来的，其实苹果公司刚开始也是在车库里的。”

刘蓝说：“公司的发展不在于位置，而在于人的精神。”

杨培强说：“苏州高新区的领导都是我们纽迈的贵人。在我们最需要帮助的时候，他们拉了我们一把，让我一直难以回报。有苏州高新区这么多领导的帮助，纽迈才得到了长足发展。我现在认为，纽迈不是我杨培强的，应该是苏州高新区的，应该是和我一起走过来的全体员工的。”

郑韶说：“我听出来了，苏州高新区领导最爱说的一句话应该就是……”

没等郑韶说完，杨培强抢过他的话，说道：“他们最爱说的话是‘有困难告诉我’。这话看似平凡，但很暖心，给了我信心和勇气。他们不但这样说了，而且真正这样做了。”

游轮在黄浦江上前进，晚风轻轻吹拂着。黄浦江是一条满载经典的历史之河，承载着上海走向世界的深厚底蕴。在杨培强的心中，新的征程开始了，新的科研目标产生了。

几年前，杨培强曾经想要带领大家研发玉米种子含油率分析仪。大家都纳闷了，因为已经有国家玉米改良中心在研究，人家是专业的研究机构，是国家的，难道我们一个小小的民营企业能比得上国家的专业机构吗？科研是要经费的，没有经费怎么搞研究？

公司的许多高层管理者也不明白。公司需要发展，发展的基础首先是资金，而公司的成熟产品低场核磁共振教学仪已经被各大院校使用，应当在这方面继续做精做大，这才是企业发展的正确方向；还有些高管认为，放着成熟产品不搞，搞那些“陌生”产品，企业还没有达到那个水平；更有一些高管直接不同意搞低场核磁共振玉米种子含油率分析仪的研究。

面对高管们的质疑，杨培强不紧不慢地说："你们说得都有道理，作为企业首先考虑的应该是经济效益。但是，我们是科技企业，要担起责任。在农作物中，玉米的种植面积是很大的。美国的玉米亩产量已经达到了两千到两千三百公斤，而我国的玉米亩产量只有八百到一千三百公斤，差距为什么这么大？难道美国的玉米不是长在地里的？难道我国的农民不会种田？"

一连串的提问，会场上无人回答。

杨培强喝了一杯水，继续说："这是为什么？是因为种子出了问题。种子是提高粮食产量的关键因素。大家想一想，土地面积会不会扩大？不会！我们只能从玉米的种子入手。美国会把技术告诉我们吗？不会！所以我们只能靠自己。我们研制出一台玉米种子含油率分析仪，选出优良的种子，就等于给国家增加了土地，给广大农民带来了直接的经济效益，这是真正的用科技造福于民。大家刚才也讲到了，我们已经有了成熟的低场核磁共振分析仪研发经验，那么研究玉米种子含油率分析仪应该说是有一定的基础了。我们是一家科技企业。作为科研人员，我们首先要站在世界科技的前沿，要有俯瞰世界的眼光。土地是不可再生的资源，而良种我们完全可以选择，所以这个仪器的发展潜力是很大的。"杨培强的话说服了大家。公司确定了主攻方向，确定了研发目标。

为了尽快研发出玉米种子含油率分析仪，杨培强决定去北京一趟。他要去国家玉米改良中心。他要为国家、为农民留下一粒神奇的种子来大大提高粮食产量，保障中国乃至世界的粮食安全。到了国家玉米改良中心，有人告诉他，你要拿出一粒种子是很容易的事，但你必须拿出一粒高产量的种子来，否则无济于事。

怀着一腔热忱来到北京的杨培强，此时感到非常的失望。他坐在国家玉米改良中心门前的台阶上，仰望着这栋神圣的大厦。是啊，人家说得对，人家凭什么相信你呢？你手里没有金刚钻，人家敢把瓷器活给你做吗？

杨培强现在什么数据都没有，所以他的碰壁是必然的。其实，现代科技与中国传统并不矛盾，而是对立统一的，所追求的境界是高度一致的。就如同《易经》中所说的“穷理尽性，以至于命”。这意思是说，穷究天下万物的根本原理，彻底洞明人类的心性，以达到改变人类命运的崇高目标，从而使人类行为与自然规律能够和谐平衡，生生不息。如果不这样，人类可能还栖居在原始森林里，甚至根本就没有人类了。

坐在台阶上歇了一会儿，想了一会儿，杨培强认为，这次碰壁是对他的又一次考验。关于让玉米增产，给农民留下良种的问题，可以暂时告一段落了。但是他不会放弃，他的心没有变。

每一次的失利，每一次的考验，杨培强从不抱怨，也从不埋怨。他知道，抱怨没有用，只有自身强大了才能让别人信服。他把每次考验都当作新的起点、新的目标，并且坚定了信心。

杨培强站起来，再次看了看国家玉米改良中心的大楼，心中说：我还会来的，我一定会再来的！

第八章　一群“牛马哥”

执着追求，踏上一条充满希望的阶梯，并且一级一级登上，原来，梦想真的可以靠自己的努力拼搏去实现。成功总是给有准备的人，但成功也从来不是一个人的。杨培强说，他要感谢那些为科技做贡献的员工。

唐代边塞诗人岑参在《忆长安曲二章·寄庞漼》中有这样的诗句:“长安何处在,只在马蹄下。”苏州纽迈就是杨培强心中的“长安”,他以“十年磨一剑”的恒心与快马加鞭的姿态,有条不紊地进行着严肃而认真的准备工作。

当然,一个科技企业不是只靠雄心和技术就能辉煌的,还取决于企业领导人的战略和战术眼光,取决于领导人的格局和胸怀有多大。你胸怀全省,你的事业就只在一个省;你胸怀全国,你的企业将可能闻名全国;你胸怀世界,你的企业就可能在世界立足。事实上,杨培强对纽迈的发展规划就在他对客户和国际同行的观察中逐步形成了。杨培强的构思在不断地冲撞、交叉、排列、组合,不断地自我否定。就在这刷新与演变的过程中,纽迈的发展方向逐渐清晰起来。

人要有精神,企业也要有精神。杨培强要把自己的想法告诉全体员工,让大家心往一处想,劲往一处使,才能形成合力,才能发挥1+1>2的作用。杨培强再次把大家召集到一起,说:“我们的使命是以创新创业为理念,成就卓越人才,成为低场核磁共振产品、技术服务与应用第一品牌。我们的企业精神是‘牛马哥’精神,每个员工都要像牛一样勤勉，吃苦耐劳；还要有马的智慧，一往无前，不管前面是高山还是河流，都奋不顾身地往前跑，直至到达目的地；我们亲如一家人，所有的人都是哥哥，哥哥要有哥哥的担当，哥哥有责任和义务帮助弟弟和妹妹。”

2010年1月，苏州纽迈再次开始研制低场核磁共振玉米种子含油率分析仪，但图纸、各种指标数据都没有，怎么办？大家提出一个又一个方案，而后被一个又一个理由推翻；一个又一个设计，而后又都被自己否定。新品开发陷入了僵局，大家一筹莫展，几乎是到了无路可走的地步了。

杨培强扫视一眼参与产品研讨会的所有人，然后不紧不慢地说：“我们在座的人，包括我在内，都是硕士、博士，都是搞低场核磁研究的专家了。我们是科技工作者，科技就是要创新，不创新就不叫科技，不创新就是模仿。我们纽迈就是要走创新之路，不创新就对不起硕士、博士的称号。”

会场一下子静了下来。杨培强喝了口水，继续说：“我是农民的儿子，你们大部分也都是农民的儿子。父母把我们培养成硕士、博士，不是让我们坐在空调房里喝茶玩电脑混日子的。我们研制玉米分析仪是为了挑选玉米良种，是为了父母的田地里能长出优质的玉米，是为了丰收，是为了给我们的子孙留下玉米良种……”

杨培强说不下去了，他心里着急，眼角有些湿润了。

一名资深的低场核磁研究人员说：“搞玉米分析仪不是一天两天的事，是需要很长时间的，也许会是几年，这是一笔很大的开支。纽迈是一家公司，公司是要争取利润才能生存下去的。”

杨培强抹去了眼角的泪，说道：“我能理解大家的心情。可是，大家千万别忘了，我们是科技企业，有自己的使命。我们一定要为国家赢得尊严，为我们低场核磁研究人员赢得尊严。我们可以把从其他地方赚的钱投到玉米分析仪的研究和开发上，让我们国家的玉米种子一代更比一代强，让我们的父母真正享受幸福的晚年生活。我请大家任何时候都不要忘了我们企业的‘牛马哥’精神。”

当大家陷入困境的时候，杨培强总是能找到问题的症结所在。他说：“低场核磁共振技术的核心是磁铁，孙宝刚是学习磁铁技术的。公司成立磁铁部，由孙宝刚负责。”

在线式低场核磁共振玉米分拣系统研究开发组成立了，杨培强担任组长。孙宝刚一头扎了进去，同事们都说他真的被磁铁“吸”住了。这位磁铁专家深知磁铁的重要性，可是从市场上买回来的磁铁无论是磁性还是尺寸大小都不符合研发的要求。

磁铁必须改进。但是，自己搞有一定危险性，因为磁场太强，磁力太大，操作的危险系数增加了很多。在这种情况下，孙宝刚设计出一套工装的办法，解决了这一问题，缓慢地将磁铁送到了指定的安装位置。

磁铁送到位了，新的问题又来了，那就是磁铁的均匀性不符合玉米分拣的要求。磁铁均匀性越高，磁场稳定性就越高。纽迈于是跟厂家提出了生产要求。可是，厂家说纽迈的要求太高，超出了国家标准的范围。磁铁厂生产磁铁依据的标准是“磁通量”。于是，纽迈制定了一个新标准“表磁波动性”给厂家。厂家不认可这个新标准，坚持只按国家标准生产，不能满足纽迈的需求。

磁铁是关键，可是现在没有符合要求的磁铁。研发才刚刚开始啊！所有的研发人员心中都压着一块石头，只能在全国范围内寻找合作的厂家，可找了几十个厂家，不是因为技术难度大，就是因为这不是国家标准而一一被拒绝了。

大家继续寻找，这个关键问题必须解决。他们去了生产磁铁原材料的包头市，从源头上进行技术控制，终于解决了磁铁问题。

经过十一个月的艰辛研制，解决了一个又一个新的科技难题，2010年底，我国首台第一代在线低场核磁共振玉米种子含油率分析设备在苏州高新区面世。这台设备是在车库里完成的，是在没有任何图纸和参照物的情况下完成的，完全是一台自主研发的设备。这台设备的诞生，弥补了中国低场核磁行业的空白，彻底打破了国外对中国市场的垄断局面。

2010年，苏州纽迈分析仪器股份有限公司的产品获得了“科学仪器创新奖”。全公司员工的脸上都洋溢着兴奋与喜悦，人人都有说不出的高兴，为自己是纽迈人而自豪。有几名员工晚上自行集中到了一起，买来了酒，倒满，几个杯子碰到了一起，他们一饮而尽，积压在心中的抑郁随着酒精一起挥发。他们喝下的是快乐，是成功。

过去，我国农民、种子公司、农科所分拣玉米种子，都是通过人工。因为玉米的最佳种植时间就只有那么几天，时间十分紧张，所以种子研发中心只好找大量农民来分拣。农民们一粒一粒照着灯光挑选，一个人一天最多也只能挑选三四千粒，最少只有几百粒，时间看久了还会影响到挑选的质量。有了这套设备后，一台机器一天可以挑选一万粒，大大提高了挑选速度，提高了劳动效率。

可是，设备在使用过程中，出现了问题。由于玉米粒的大小不一，棱角也不一样，结果分拣时误差率较大，有时抓不住，有时还会出现卡死的现象。难题再次摆在了纽迈人面前，他们再次组织力量进行研制。

玉米粒不规则抓不住，是吸盘出了问题；卡死，是空压机出了问题。空压机问题很容易就攻克了，解决了中途卡死的现象。可是吸盘也就是抓取玉米粒的那只“手”的问题却很难解决，因为玉米粒是不规则的东西，并且还滑溜。经过若干次的试验，这个问题就是无法解决。他们想去请教专家，可是国内没有这方面的专家，因为他们的产品本身就是国内的首创，是别人没有的产品，没有参照物。有人提出到国家玉米改良中心去问，但是那里着重的是对玉米良种问题的研究，而不是设备。

孙宝刚苦苦思索，就是无从下手。他翻看外国的杂志，想从中找到相关的信息，哪怕是一点点的提示也行。翻了几天，翻了一大堆美国较权威的核磁杂志《能源与燃料》，他也没看到一个字的关于吸盘的介绍。

半年多的时间里，公司许多人都在琢磨吸盘问题。没事的时候，孙宝刚就跑到那台机器旁看，傻傻地看，一看就是半天，什么也不讲，好像要从吸盘里看出点什么名堂，可吸盘却是一如既往地平平静静。原先他是被磁铁“吸”住了，现在又被吸盘“吸”住了。他一心琢磨着如何攻克面前这个“顽敌”，手摸着吸盘，思考着解决方案。

终于，孙宝刚想到了一个优化方法，对吸盘进行了优化处理，解决了“抓空”和中间停顿的问题，极大地提高了效率。

2012年8月，第二代在线低场核磁共振玉米种子含油率分析设备面世了。这一次，公司的员工并没有像第一次那样欢欣鼓舞，特别是杨培强和孙宝刚都十分冷静，因为他们知道，吸盘的问题还没有完全解决，提升不大。

一个搞低场核磁共振研究的人，明知自己的产品不尽如人意，但要再想提升，哪怕只是提升一点点，也是极为艰难的。有人悄悄劝杨培强还是放弃这个项目的研发，因为这个产品还没有市场，一些农技人员、农科所还是相信人工分拣，而且一些单位的设备经费有限，买不了玉米分拣机；再说了，企业每年还要投入许多科研费用，不能不算这个费用啊。杨培强说不能半途而废，不能遇到一点儿挫折就灰心，搞科研总会有失败，克服失败就能成功，但克服失败需要勇气和毅力；至于经费问题，我们再想想其他办法，能省就省一点，要确保科研经费到位。

晚上，刘利荣来到了杨培强家里。这对老朋友，这对从小就在一个镇里长大的发小，这对一起在上海白手起家的患难兄弟，这对从上海一起来到苏州创业创新的志同道合者，他们之间不管什么话都可以讲，都可以说。酒过三巡，刘利荣再也憋不住了。他说：“今天我也不叫你杨总了，就叫你培强了。我在公司里听到许多人议论，都说你呆，搞什么低场核磁共振玉米种子含油率分析设备，那就是倒贴，赚不到钱，浪费了财力、物力、人力。我劝你还是别搞了。”

杨培强喝下一杯酒，说道：“当初我们一起在上海创办公司的时候，主要并不是为了钱。你我的工资都投到了公司的发展上。那时是多么的艰难，我们一起坚持了下来，后来又一起从上海来到了苏州。我只希望你继续理解我、支持我。”

刘利荣说：“我肯定理解你、支持你。但是，你应该给我一个理由。”

杨培强说：“你不理解。身为一名科技人员，你就眼看着国外企业占领我们的玉米检测分析市场？我们中国的玉米检测分析市场要由我们中国人自己来做。”

刘利荣说：“可是，我们现在已经走不下去了。科研卡住了。”

杨培强说：“走不下去也要走。我就不信外国人能搞出的东西，我们中国人搞不出来。”

刘利荣说：“既然你态度如此坚决，我支持你，再苦再难我们一起挺过去。”

杨培强端起了酒杯，说道：“我敬你一杯。”说完，一仰脖子喝下一杯酒。

车间里，孙宝刚站在第二代在线低场核磁共振玉米种子含油率分析设备前沉思。杨培强和刘利荣来到了车间，站在孙宝刚身后。一名科技工作者如果对自己的产品不满意，他一定会睡不着、吃不香的。科技产品是科技工作者的生命，甚至比生命还重要。杨培强、刘利荣、孙宝刚他们怎么能够安心呢？一天不解决问题，他们就一天不能安心。

杨培强问道："宝刚，你还有信心继续再搞出第三代吗？"

孙宝刚说："我有，不过……"

杨培强说："你讲，不要有顾虑。"

孙宝刚说："杨总，纽迈毕竟是民营企业，搞这样大规模的科研开发，是需要一定的代价的，尤其是金钱的代价，这可不是小数目。"

杨培强说："宝刚，我相信你。你不要考虑钱，你只要想办法尽快地研发第三代低场核磁共振玉米种子含油率分析设备就好。我要的是快，我们不能再等了，我们等不起，我们的农村、农民、农业科技需要这样的设备。"

孙宝刚说："行，您放心。"

我们常常有感于生命的无常，对于渴望永恒的人来说，无常就是刹那的生灭。杨培强和他所带领的团队每个人都一直忙碌着，未曾停歇过。其实杨培强可以不忙，他可以在上海过着安逸的生活，如果他没有强烈的科技强国的责任心的话。苏州纽迈公司附近有一家饭店。杨培强经常由于工作而忘了吃饭，这时他就会来这家饭店，有时是下午，有时是半夜。他来到饭店，就要很简单的一菜一汤或者一碗面条，坐在吧台边的一条长长的桌子上，吃完了就走。这家饭店的老板几年后与杨培强一起参加一个由高新区工商部门组织的年终表彰会才知道，经常到他饭店吃饭的那个衣着普通、戴着眼镜、憨厚诚实的杨培强，竟是一个年销售额达到几千万的科技企业的老板，他由衷敬佩杨培强的品德。这个消息传到公司，员工们都从心底佩服杨培强。他们更加清楚，杨培强把大量的资金投到了科研上，投到了自主创新上。他们更加了解杨培强心中的科技强国之梦。

2014年7月，孙宝刚与刘利荣一起去上海参加国际工业材料展览会，在展厅里认真观看着每一款机械设备。他们看机械与别人不一样，他们不看机械的功能，只看机械的工作原理。孙宝刚一直惦记着那个吸盘问题。在展览会上，他看到一款机械设备的振动盘正在做抓取各种螺钉、螺栓、螺母的演示，抓取自如，大小、长短、方圆都无碍……孙宝刚被这个振动盘深深地吸引住了，他一看就是半天，用手机拍摄了振动盘的整个操作过程，用笔记下了它的工作原理，然后向该机械的生产公司索取了产品说明书。在别人眼里，说明书就是使用方法；在他眼里，说明书就是宝贝。

回到苏州后，孙宝刚与刘利荣一起搞起了吸盘抓取玉米粒的试验。可是，玉米粒不像那些铁质螺母，螺母毕竟有点棱角，而玉米粒的表面是光滑的。但是，既然机械抓螺母能够自如，抓玉米粒也一定可以。他们在试验室里流出了一身汗，反复试验，中午就只吃盒饭。终于，一粒一粒黄灿灿的玉米被吸盘吸住，不管是方的、圆的，还是大的、小的，统统都能吸住。一瞬间，他们惊呆了，不敢相信。再试，一粒一粒的玉米还是有序地被吸住。真的，一定是真的！成功了，成功了！没有鲜花和掌声，两人在试验室里转了一圈两圈三圈，激动得不知所措。

自从第二代玉米机诞生，到此时此刻，整整过了两年时间。这两年里，孙宝刚、刘利荣，可以说纽迈的全体员工都被这个吸盘困扰着。现在，他们终于摆脱了这个困扰。消息一传出，全体员工都松了一口气。

领先世界的第三代在线低场核磁共振玉米种子含油率分析设备在苏州高新区诞生了。与第二代相比，第三代的进出口系统分成了两大组成部分，出样系统利用低场核磁共振检测系统，目的是减少选样系统对低场核磁共振检测系统的干扰，提高了系统的抗干扰性；进样系统由原来的滑台结构，变成了数粒仪结构。

将科技成果转化为应用产品，这是每一名科技工作者最大的愿望。当纽迈把第三代在线低场核磁共振玉米种子含油率分析设备推向市场时，由于技术超前，有些单位不相信中国能造出这样的机器，有些单位认为购买这样的设备成本太高，还是采用人工一粒一粒在灯光下照射的古老方法来挑选。还有一个问题是，一些一线农技人员缺乏创新精神，只遵循传统方法，因为使用传统方法如果出了问题，他们自己没有责任；而使用新设备如果出了问题，他们要承担责任。

一个高科技产品，在市场推广中出现了如此尴尬的局面，是科研人员所没有想到的。他们花了大量的时间与精力，花了大量的人力与财力，结果换来的是别人的不理解和不支持。

面对这样的情况，杨培强安慰着员工，他对员工说：“我们首先要明白，国外的同类产品长期占据我国的市场，客户已经使用习惯了，不愿改变。要让客户接受我们的产品，还需要一个过程，这就是市场引导的过程。我们的优势就是产品的质量不差、价格较低、维修方便。我们向市场推广的过程，就是改变客户观念的过程。当然，要改变一个人的观念不是一件容易的事，手中要有法宝，我们的法宝就是我们生产的设备。另外，中国人的传统情结较重，我们要把科学原理告诉他们。”

一席话，员工们知道了要推广高科技产品，首先要改变人的思想观念。他们来到了北京屯玉种业有限公司。面对这样的高科技产品，屯玉公司先是持怀疑态度。纽迈的工作人员就耐心地一边教他们使用方法，一边教他们先进理念，终于让他们接受了。北京屯玉种业有限公司开始使用在线低场核磁共振玉米种子含油率分析设备，节省了人工分拣种子的时间，减轻了劳动强度，并且种子无损，准确率也得到了提高，保证了玉米的种植时间和速度。北京屯玉种业有限公司尝到了科技的甜头。虽然第一年购置设备的投入是大了些，但是以后他们每年都能节省更多的时间，保证种子能在最适宜的时间种下，而且每年的种子都是精挑细选的，种子质量得到了保证，能够使良种一代一代地传下去。

河南有一家花生油厂，厂长是毕业不久的大学生。该厂检测花生一直使用的是传统的“抽屉法”，这种方法要有一个专门的检测室，配两名专职工作人员，并且每次检测都要从一大堆花生的不同位置取样，还要把取出的样品捣烂，然后放进容器内，等到二十四个小时之后才能知道花生的含油率与含水率，然后才能确定收购价格。这种方法不能检测花生含油率、含水率的整体情况，并且结果也不够准确，最要命的是十分浪费时间。在时间就是效率的当今社会，一些搞运输的人都不愿意做这种活了，如此一来，又严重地影响了油厂收购花生，进而影响全年的生产任务和经济效益。厂长也知道国外有一款检测设备，但是价格太高，维修费也十分昂贵。这件事一直是他心中的一个结。经人介绍，他知道了苏州纽迈。刚开始他不信，当场进行了测试，放进花生米，只需要几分钟的时间，电脑屏幕上就出现了含油率、含水率数据。纽迈的设备论性能不比国外差，论价格只有一半，论维修当然更加方便。于是，这位厂长二话不说，当场就决定购买。

经过一段时间的推广，河南省农业科学院、河南农业大学都使用了第三代在线低场核磁共振玉米种子含油率分析设备，享受到了科技带来的便捷。快速、环保，对种子没有任何损坏，这是他们对纽迈产品的共同称赞。经过几年，苏州纽迈的在线低场核磁共振玉米种子含油率分析设备在市场上逐渐被认可了，市场占有率从零开始，逐渐上升，如今已经达到了百分之九十。国外同类产品的价格尽管降了一半，但是仍然失去了竞争能力，因为国外产品的功能还没有苏州纽迈产品的功能齐全，使用中也有很多数据不适应。不过，这些早就在杨培强的预料之中，他相信科学的力量，他对员工们说，这已经是一个很了不起的成绩了，但还有潜力，大有潜力。

2014年底，杨培强在美国参加一个农业科技研讨会，就在这个会议上，他和陈绍江巧遇了。他们一见如故，双手紧紧地握在了一起。他们神交已久，可是各自忙着工作，一直没有见过面。

陈绍江，中国农业大学教授，博士生导师，中国农业工程学会理事，国际田间试验机械化协会（IAMFE）国际委员，长期从事玉米遗传育种研究及遗传学教学工作；现为国家玉米改良中心副主任、玉米产业技术体系岗位专家、国家“十三五”重点研发计划“玉米杂种优势利用技术与强优势杂交种创制”项目首席专家；曾主持“十五”“十一五”“十二五”国家科技计划玉米育种项目及国家自然科学基金课题等；在高油玉米种质改良、单倍体育种技术、无损测试及工程化育种方法等方面进行了系统研究并取得重要进展；获教育部技术发明一等奖1项、国家技术发明二等奖2项、国家科技进步二等奖1项、大北农科技奖植物育种奖1项，主选和参选品种近20个，推广面积超亿亩（1亩≈667平方米）；主编《玉米单倍体育种技术》及《植物细胞遗传学》，发表论文70余篇，入选农业部首批科研杰出人才。他的研究方向是玉米生殖生物学、单倍体育种技术、工程化育种等。

一个是搞玉米种子改良研究的，一个是搞玉米分析仪器的，他们的合作才是真正的强强联合。

陈绍江说：“早就听说你在搞玉米种子含油率分析设备，你怎么不到北京去找我？”

杨培强说：“我去了，没进门。”

陈绍江说：“国家玉米改良中心的大门随时为你打开。”

杨培强说：“我是农民的儿子，说实话，进那样的大机关还真是没底气。我想等真正取得了成绩再去找你。”

陈绍江说：“你已经取得了不小的成绩了，不然的话，美国人的研讨会你怎么能来参加？”

杨培强说：“搞科研就要了解最前沿的信息，更要了解最先进的技术，这也就是知己知彼吧。”

陈绍江笑了，说道：“好你个精明的杨培强。”

他们相见恨晚，手握得更紧，彼此都感到了从对方手上传来的温暖和力量。这是相互信赖的勉励，这是老一代科技工作者的信任和爱国情怀。他们在异国他乡相遇，都为了祖国科学的腾飞而来，来到国外学习先进的科学技术，而后为祖国的农业腾飞服务。

作为老一辈科研人员，他们都在拼命地工作，不以物喜，不以己悲，不计荣辱，爱国爱党，忠于事业。这是后代子孙都要学习的。生活中不可能没有挫折，但一个人的意志不能动摇。他们就是这样走过来的。

科学无国界，但科学家有祖国。此时，他们身在美国，心在祖国。他们没有被街上的繁华吸引，没有去逛街、购物、游览。杨培强的儿子正在美国留学，可是，杨培强没有去看望儿子，只是打电话给儿子问候了一番。多少年来，为了低场核磁共振技术，杨培强对家庭的事问得很少，全是妻子一个人默默支持他。甚至，他不买房子，把钱都投进了低场核磁共振科研事业，妻子也没有一点儿怨言。杨培强内心一直觉得对不起妻子，对不起儿子。妻子和儿子都是知识分子，他们理解他，理解他的执着追求。世俗的人很难抵制住名利的诱惑，容易随着物欲横流而漂泊。而心中有梦想的人，会有强烈的使命和动力，会以全部身心乃至整个生命捍卫这神圣的梦想，追求他们的人生价值。

杨培强与陈绍江聚在一起，一开口不是玉米良种的选择，就是玉米分析仪。他们是一对黄金搭档。在资本和科技的联手打造下，中国在线低场核磁共振玉米种子含油率分析设备的功能将会得到提升，中国的玉米良种率将会得到提升。粮食无国界，爱与拯救更没有国界，中国一直致力于打造全球粮食安全命运共同体。

搞科研更需要的是坦诚。他们看到了美国的一些仪器设备，同时又都产生了一种共同的痛苦，一种说不出的痛苦，那就是国外对中国实行技术封锁，核心的东西他们看不到，也问不到。

杨培强说：“只能看到表面，看不到实质。”

陈绍江说：“你是第一次参加这样的国际会议。你要知道，外国搞这样的会议，是不会让你学到他们的科学原理的。”

杨培强问：“那他们为什么要开这个会？”

陈绍江说：“人家是向全球招商，是展示他们的先进产品，让全球用他们的产品，压制其他的同类产品。”

杨培强恍然大悟：“原来是这样啊。”

陈绍江说：“是啊。”

杨培强说：“我们也可以找出自身的不足，哪怕是在某一点上进行改进也行，取长补短。”

陈绍江说：“为了我们民族的科学，我要给你的设备提点意见。”

杨培强说：“陈教授啊，我是求之不得啊。”

陈绍江说：“你现在已经搞出了第三代在线低场核磁共振玉米种子含油率分析设备，说老实话，对于一家民营科技企业来说，这已经是很不简单的事了。你们有许多技术已经超过了外国的技术，达到了世界领先水平，但是还需要改进，比如机器集成度相对较低，结构不够紧凑，还有对胚芽分析不够，还需要提高分拣速度。”

杨培强说：“是的，我这次来，也是带着这些问题来。竞争是好事，有竞争才有动力，才有压力，也才能进步。理性竞争才能促进发展，才能起到相互促进的作用。这次回国后我就组织人员解决外观和分拣速度的难题。”

陈绍江说：“第四代在线低场核磁共振玉米种子含油率分析设备必须解决这些问题才行。”

两名科学家探讨了解决问题的良策，也探讨了他们所肩负的责任。他们又将一个科学难题摆在了自己的面前。

兹事体大，关乎国家的种子安全，更关乎人类对种子资源的科学利用。种子是祖先留下的宝贵的自然财富，是人类生存的最重要的材料，更是发展农业生产的物质基础，是中国十几亿人赖以生存的基础。他们必须更加努力。

2017年10月28日，这是一个值得庆祝的日子，更是低场核磁共振行业和玉米种子行业难忘的日子。这一天，第四代在线低场核磁共振玉米种子含油率分析设备在苏州高新区诞生了。这台机器能连续工作二十四个小时，并且不需要人看守，就可以完成两万粒玉米种子的检测分析工作，而且分拣出的种子和胚芽的出油率较高。

科技成果一定要转化，才能为农民服务。杨培强来到北京，走进了国家玉米改良中心，与陈绍江一起商量。两位有着爱国情怀的科技工作者，想到了一起，决定召开全国农业低场核磁共振应用首届学术研讨会暨国家重点研发计划玉米育种核磁技术培训会。

2018年6月27日至30日，由苏州纽迈分析仪器股份有限公司主办、国家玉米改良中心协办的全国农业低场核磁共振应用首届学术研讨会暨国家重点研发计划玉米育种核磁技术培训会在上海隆重召开，来自全国各农业科学院、农业大学的40名专家、学者和农业一线人员代表参加了会议。陈绍江在会上做了题为《核磁共振技术应用与工程化育种》的学术报告。他说：“高油玉米种质创新获2006年国家技术发明二等奖，通过玉米重要营养品质优良基因发掘与分子育种。根据农业部农业技术推广服务中心的不完全统计，农大系列玉米新品种在全国的累计推广面积达到3.57亿亩，增产玉米142.8亿公斤，新增效益228.4亿元。”

杨培强向所有与会代表深深地鞠了一躬，做了题为《新时代的协同创新、共同发展》的科学成果转化报告：我国的玉米种植面积较大，是所有农作物中面积最大的。我国是一个农业大国，世世代代以农业为主。土地面积无法扩大，我们只能在种子和农业技术上动脑筋。现在美国的玉米亩产量已经两千多公斤了，而我们国家的玉米亩产量只在八百至一千三百公斤。差距之大，令我们心痛。我们必须保证国家的粮食安全，要在玉米的选种上有所突破。核磁共振玉米分析仪器就是通过对玉米的含油率、含水率进行分析来选出良种，每台机器每天可以检测两万粒玉米种子，并且绿色环保、对种子无损。几年下来，我国的玉米种子将会越来越优，一代更比一代强。

在众多的农作物增产措施中，选育良种十分重要，是农业增产增收的第一要素。要选出抗病性、抗倒性强的品种；还要根据热量资源的条件选择品种，当地的热量资源和生长期要满足品种完全成熟的需要；若当地的生产管理水平较高，则可选择产量潜力高、增产潜力大的玉米品种，反之应选择生产潜力稍低但稳定性较好的品种；还要选择纯度高、质量好的玉米杂交种；选用品种要合理搭配，为了降低玉米遭受自然灾害的风险，保证当地玉米产量稳定，一般在重点选用一至两个主栽品种的同时，还要重视选用两至三个搭配品种。

选择种子时最重要的是种子的质量，现阶段我国衡量种子质量的指标主要包括品种纯度、净度、发芽率和水分这四项。一般购买的种子包装外都会有种子标签，这是判断种子质量的重要依据。

杨培强没有讲他获得了什么科技成果，而是实实在在地要让来自全国的农业技术人员赶快用上第四代玉米分析仪，让农民享受科技成果。与会代表们纷纷从上海赶到了苏州纽迈公司，当场试用了第四代玉米分析仪。他们亲眼见到了一粒粒玉米经过检测分析后，含油率、含水率在电脑屏幕上一目了然。差的种子被分拣到一盆，优良的种子被自动分拣到另一盆，真是太方便了，真正达到了快速检测、环保绿色、种子无损的效果。参加会议的代表们个个对第四代玉米分析仪赞不绝口。

第九章　孔隙分析仪的背后

困难，总是被胆怯的人称为困难；而心中有梦想的人，将会攻克难关。人生的轨迹就像一条曲线，难免有起起伏伏。面对生命中的风风雨雨，除了坚强，我们别无选择。请相信：一次次的成功都是在攻坚克难之后。

摆在科技研究者面前的永远是难题，每攻下一个难题，接着又会出现新的难题；努力解决一个又一个的难题，这就是科技工作者的使命。

杨培强深深地懂得了，国外为什么对中国进行技术封锁。他总在想，科学是全人类的，科学是全球的。发展不是靠封锁，而是靠创新；创新必须有人才。

2010年底，河南风神轮胎公司需要一台分析仪来对高分子材料进行分析，主要用于汽车轮胎橡胶变温情况的检测分析。这是一款较新的科学分析仪，厂家的要求是使用后能改良配方，提高产品的合格率、耐用性。

汽车轮胎是一个比较复杂的物体，要在严寒、高温、高强度摩擦下高速运转。孙宝刚接到这个科研任务后，认为要生产这套分析仪，关键是要解决好变温系统的问题。这个变温系统的精确度必须控制在正负零点一摄氏度的范围内。磁铁温度是随着物体温度的变化而变化的，物体温度升高磁铁温度就会升高，物体降温磁铁也降温，所以必须控制磁铁的温度，如果磁铁升温了，测得的数据就不准确了。孙宝刚采用真空法，可是试了很多次都失败了。另外，时间长短也无法控制。

眼看已经无计可施了，发挥想象也没用，怎么办？杨培强要求他多看看书，从书中寻找答案，并与他一起分析，建议他可以用七〇胶隔离磁铁，以控制磁铁的温度。杨培强的建议让孙宝刚豁然开朗。孙宝刚再次进行试验，竟然成功了。奇迹再次出现了。当然，奇迹不是偶然的，而是必然的，是给有准备的人的。

经过半年的研发，2011年5月，国内首套核磁共振纤维上油率分析仪在苏州高新区苏州纽迈分析仪器股份有限公司面世，并成功进驻工业市场。全国二十多个厂家上门订货，一举改变了国外同类仪器垄断的局面。几年后，这款产品荣获了“2017年度科学仪器优秀新产品”称号，还成功进入了欧洲市场，这是中国的核磁产品第一次走出国门。

韩芊，河南省周口市人，郑州大学系统工程研究生毕业。2013年11月，他被杨培强招进了公司。一进公司，杨培强就委以重任，让他全面负责新品的开发。

低场核磁共振分析仪的研发涉及数学、物理、化学、生物、地理等学科，特殊行业又有特殊的需求，因此每台机器都不一样，更不可能批量生产。韩芊每天都面临着新的挑战，每天都在创新。杨培强在前面探路，他就跟在后面开荒。

2013年12月，韩芊接到的第一个任务就是要研制出一台石油系统的低场核磁共振低温孔隙分析仪，要求是能检测到地下几千米处的岩石，分析岩石的含油、含水和孔隙情况，以保证石油的开采率和开采效率。

这样的要求说起来很简单，可是做起来却不是那么容易。当这个任务摆到韩芊的面前时，他傻眼了，他的第一反应是，制作这种仪器的原材料不能含有金属元素，也不能含有塑料，因为金属和塑料都会干扰到信号。

苏州纽迈分析仪器股份有限公司没有研制过这种仪器，更没有经验可借鉴。难题摆在面前了，该怎么解决？

每当韩芊一个人在试验室里苦苦思考时，杨培强总会抽空走进试验室，与韩芊谈谈。杨培强知道科研人员心中的苦闷和孤独，甚至是寂寞，还有遇到难题时的痛苦。杨培强对他的同事和员工的探索与试验从不使用“失败”一类的词，他总是给他们鼓励和关心，他总是说科学是有难度的，不是一朝一夕可以解决的。

杨培强对韩芊说：“不要气馁，搞科研的过程是复杂和痛苦的。”

韩芊说：“我还没有为公司做出点事，整天就是开单子买材料，浪费了你许多钱财。公司是民营企业，我心里过意不去。”

杨培强说：“你怎么有这种想法？什么叫过意不去？你想要什么材料尽管买！”

韩芊说：“我拿着工资，不早点儿搞出这个低温孔隙分析仪，我真的心里不安……”

杨培强打断了韩芊的话，说道：“韩芊，你能这样想，我相信你一定能够成功。”

韩芊说：“万一不成功呢？”

杨培强说：“不成功是一万，成功是万一。世上有很多很多科学家在不同的岗位上默默无闻地奉献和探索，他们甚至一辈子也没有成功，但是不能说他们没有成绩，因为他们能让我们看到成功的希望。”

韩芊望着杨培强，他觉得此时的杨培强不是一位企业老总，而是一位真正的科研工作者，更是一位长辈，一位试验室老师。

杨培强说：“需要什么材料和工具你尽管说，我已经给你安排好了专用资金，随时可以用。有什么新的想法，也可以随时告诉我。”

韩芊心里暖暖的。从杨培强的身上，他感受到一种力量、一种气度。作为一名工作不久的科研人员，韩芊对自己的工作非常满意。他认为，这份工作能够让自己学到的东西得到运用，能够造福人类，能够体现价值；在这里，知识得到了尊重，他每天都充实地忙碌着。

就这样，杨培强带领着他的苏州纽迈分析仪器股份有限公司，一直在低场核磁共振领域默默耕耘着、沉淀着、创新着，向市场输出了大量新产品和新技术。到2013年，纽迈已经有二十多个科技产品走向了市场，填补了国内、国际空白，为低场核磁市场的培育和发展做出了突出贡献。

从最初的上海纽迈电子科技有限公司，到如今的苏州纽迈分析仪器股份有限公司，十年的时间里，他们一直行走在科研的路上。这条路漫长而曲折，杨培强也在缓慢地变老。这是杨培强自己的切身体会。他在科技上取得了一个又一个突破，他的额头上却悄悄增添了皱纹。每取得一项重大突破，员工们都沉浸在成功的泪水中，杨培强却总是把喜悦藏在心里。纽迈与低场核磁共振技术共同成长，真正做到了“共振”。

纽迈一步步发展壮大起来，填补了一项项空白，具备了强大的研发能力、生产能力、服务能力和成熟的运营管理体系，面积也由当初的几十平方米扩大到了一千四百平方米。杨培强的头发却渐渐地白了，他应该歇歇了，但他的科研之路绝不会终止。“雄关漫道真如铁，而今迈步从头越。从头越，苍山如海，残阳如血。”这是伟大领袖毛泽东的名句，用来形容杨培强此时的心境正合适。每获得一个奖项，他都要从头开始，重新部署，探索不止。科学没有现成的路，前途依然是苍山如海、残阳如血，如果没有那种豪放到劲健的气魄和坚强意志，如果没有那一往无前的精神，又怎能一步一步地向前，攻下一个又一个难关呢？

纽迈于2013年承担了国家重大仪器设备开发专项“高性能核磁共振弛豫分析仪的开发和应用”。杨培强心里明白，这样一个重大科技项目，按理是轮不上纽迈公司的，因为他们的营业额还没有达到要求呢。可是项目管理方让他们接下项目，说是只有交给他们才放心。纽迈在低场核磁共振领域已经取得了一定的成就，也算是功成名就了，在行业中享有一定的声誉。国家给了科研项目，说明国家信任纽迈，对纽迈寄予厚望。

接到项目应该是高兴的事，可是杨培强却担心，万一搞砸了，岂不坏了名声？有人说这担心是多余的。其实杨培强的担心是出于责任心，有责任心的人才会担心。接下来，杨培强需要的是不断超越自我，发起一轮又一轮攻关。杨培强的性格就是这样的，越难他越有信心。他有一种执着的精神，哪怕是遭受一次又一次的挫折，他也不愿轻易认输。

韩芊在试验室里，双眼紧紧盯着电脑，自言自语：“不能用金属，又不能用塑料，只能用玻璃了。对，对，对，用玻璃吹冷气就可以达到低温的效果了。”

韩芊十分兴奋，他想到解决问题的方法了。于是，他赶紧在材料单子上写下了一大串的材料名称，而后拿在手里看看，又低下头增加了几种材料。

韩芊平时沉默少言，做起事来却从不含糊。他一定要拿下这个高科技的难题。

更加关心韩芊的研发进程的还有一名市场销售人员，她就是赵红霞，来自河南省周口市，与韩芊是同乡，比韩芊早两年进入公司。她一直行走在低场核磁共振能源机销售推广的前沿，与第一线的工人和科研人员经常打交道，了解一线的需求。工作之余，她常到韩芊的试验室，将客户的要求告诉韩芊。他们每次交谈，都被公司里的人戏称为一场小型的产品研讨会。韩芊十分愿意听取赵红霞带来的前沿信息，因为他希望自己研发的低场核磁产品能够为社会做出最大的贡献，能够与市场接轨。他知道，科学的目的就是促进生产力的提高，科学的最终目标就是运用。

韩芊做着试验。赵红霞看着电脑上的波线变化，说道：“石油在地下三千多米，现在是要解决注水的问题。”

韩芊说：“地下的岩石层是相当复杂的，有的孔多，有的孔细。”

赵红霞说："对啊，岩石的孔隙不同，注进去的水有百分之九十都跑了出来，石油的开采率只有百分之三十，浪费了人力和财力，还增加了重复劳动量。就是说，有许多岩石的信息掌握不准。"

韩芊头也不抬地说："这些我都知道，说点新鲜的，你没说过的，我没听到过的。"

赵红霞不紧不慢地说："没什么新鲜的了，主要就这些啊。"

韩芊说："你是专做能源机市场开发的主管，难道就不能说点客户的想法、看法，还有对市场的分析？这样我们搞开发的才能开发出更适应市场需求的科技产品。"

赵红霞想了想，然后又望了望韩芊，说道："算了，还是不说了。"

韩芊说："说吧，就算给我一个指点。"

赵红霞说："我怕有伤你的自尊心。"

韩芊说："你这是什么意思？"

赵红霞说："好，既然你今天一定要知道，看在老乡的分上，我就把我心中的委屈告诉你。"

韩芊听了赵红霞的话，有点糊涂了。他看着赵红霞说："有这么严重吗？"

赵红霞的语气中带着愤愤不平，说："那些国外的销售商真是气死人了，他们都是坐在家中等着客户上门求他们。我们的石油勘探部门或者是石油研究部门把岩石给他们化验，费用昂贵不说，还潜伏着一个更大的危机，那就是我国的地质资料都被外国掌握了。我心里非常急啊，但是急又没有用。我只希望你能早点研制出我们中国人自己的低场核磁共振低温孔隙分析仪，让我在他们面前说话有底气，能够扬眉吐气一回。”

韩芊愣在原地一动不动了，他像是被别人抽了两个耳光一样难受。他陷入沉思中。他心里如翻江倒海，他知道刚才赵红霞说的是真心话，也是实情。作为一名科研人员，他感到无地自容。他想起了电影《钱学森》中的几句台词，像是在自言自语，其实是在回答赵红霞：“我要用我的学识改变中国人的命运。中国人的脑袋不比外国人差。我一定要让中国人用上中国人自己研制的低场核磁共振低温孔隙分析仪。”

赵红霞说：“但是还要快，必须快。”

韩芊说：“现在这个年代，谁有技术，谁掌握了技术，谁就有主动权，谁就有话语权。这是一场看不见硝烟的战争啊。这不是简简单单的一项技术发明，而是一个国家、一个民族的尊严。”

韩芊看着桌上各种各样的零配件，从心底发出了吼声：“我一定会抓紧时间的！”

从此，韩芊像着了魔一样，早上很早上班，中午不休息，晚上推迟下班。回到家就翻看书籍，看的都是外文书籍和外文杂志。他要从中寻找解决问题的良策。

韩芊的心中憋着一股气，他将这股气化为力量，不顾白天和黑夜了。他仿佛看到了赵红霞曾经遭到的冷眼，仿佛看到了别人瞧不起的眼神。赵红霞心里难受，韩芊的心里更加难受。赵红霞在前方征战，手里却没有利剑，怎么能保证打胜仗呢？如果有利剑在手，就算不用，也是一种力量啊。一名中国科学家，要想赢得国际同行的一致公认和尊重，是多么的不容易。他除了理智，还有良知。他要让中国人自己掌握地下的宝藏，就如同掌握自己的命运一样。

一天，韩芊正在试验室里聚精会神地搞试验，杨培强突然闯了进来，急匆匆地告诉韩芊："磁铁放置的问题可以解决了。"

原来，由于低温的影响，磁铁的温度一直没有很好地控制住，影响了整个研发的速度和进程。

韩芊放下手中的试验，问道："怎么解决的？"

杨培强说："我在上海参加一个核磁研讨会，从会上得到了启发。我们过去只是考虑横放或平放，其实用竖放的方式就可以解决了。"

韩芊一拍脑袋："对呀，我怎么就没想到呢？我真是笨死了。"

杨培强说："不是笨，是我们有时把问题想得太复杂了，有些科学原理简单起来就是非常的简单，快试试。"

他们一起动手开始了试验，不断调试。经过几个小时的奋战，终于成功了，难题一下子解决了。他们俩在试验室里欢欣鼓舞，击掌庆祝。

2015年11月20日，这是一个值得牢记的日子，这是一个再次可以载入我国低场核磁共振事业史册的日子。经过两年奋战，第一台由中国人自主研发的低场核磁共振低温孔隙分析仪在苏州高新区苏州纽迈分析仪器股份有限公司诞生了。

这天，最激动、最兴奋的莫过于赵红霞了，她逢人就说，她有底气了，她可以挺直腰杆说话了，她可以对客户说我们生产的低场核磁共振低温孔隙分析仪就是好，功能不比别人的差，价格只有别人的一半，同时我们的维修、售后服务方便。就这样，赵红霞给国内的客户全说了个遍，她要让所有中国人自豪。

南京大学、清华大学、同济大学、中国石油大学、中国科学院地质与地球物理研究所、中国石油勘探开发研究院等二十多个院校、院所订购了这款分析仪。他们用了这款仪器后，在各自的科研领域都取得了良好的成绩。他们抑制不住内心的激动，忍不住要将这么好的高科技产品推广出去，让人类共享。他们纷纷写出各自的体会、各自的想法、各自的成果，发表在专业刊物上，推动了中国低场核磁共振事业的发展。

除了这些大的机器，韩芊所负责的新品开发部，每年研发的新品达到三十个。他们就是这样持之以恒地研发着低场核磁共振产品。2015年，苏州纽迈分析仪器股份有限公司当选为科学仪器行业最具成长潜力企业。

一项科技成果成功转化，是一个领域前进一大步的开始，将会开启一个领域的新时代。随着一个高科技难题的解决，苏州纽迈分析仪器股份有限公司渐渐地被人们所认识、熟知了。但是，客户的个性化要求也越来越不同，有的甚至是同行业中没听说过的要求。当然，一切皆有可能，只有想不到的，没有做不到的。

科学就是一个不断攀登的过程。攻克一个难关后，新的难关又会出现在前面。2016年2月，西安科技大学要求生产一台低温双端控温核磁共振仪，所要测量的是一个直径5厘米、高10厘米的石头圆柱体；而且有一个特殊要求，就是每隔一段位置的温度要不一样，要递增长，也就是逐步升高。

接到这个任务后，韩芊傻眼了。他从来没听说过这样的要求，更没见过这样的机器。一段一个温度，中间的温度还不一样，还要一节一节不一样。更难的是温度只能直线传送，不能四周传送，圆柱四周的保温要非常好。

西安科技大学之所以要做这样的分析检测仪，是因为冬天高山上外面比较冷，而室内比较热。

新的挑战来了，这是挑战自然，也是挑战自己。韩芊制定了试验分析方案，他先用土进行试验分析，因为土也属地表层。可是，试验失败了。韩芊手里拿着圆柱石转过来转过去，瞧瞧这，瞧瞧那。他想，这是怎么回事？怎么就是搞不定分段测温呢？

继续试验，还是失败。一次次的失败，一次次的打击，一次次的挫折。韩芊恨自己无能，甚至开始怀疑自己。杨培强似乎看出了韩芊的情绪，他来到试验室，看到韩芊正拿着那个圆柱石发呆。

杨培强笑着问："怎么，还没有想到解决问题的方法？"

韩芊被惊醒似的站起来。杨培强将韩芊按坐在凳了上，说道："事业可能有巅峰，但是科学没有尽头。既然我们选择了科学之路，就只能向前了。"

韩芊说："可是一次又一次失败，我真的被……"

杨培强打断了韩芊的话，说："不准说失败这两个字，科学没有失败，失败也是试验的经验，也是总结。我们试验不许说失败，在市场上也不许说失败，只有成功，失败是成功之母。"

经历了失败打击的韩芊望着杨培强，心里嘀咕着：真是站着说话不腰疼。搞科研不是说说豪言壮语就能成功的，来不得半点的马虎。可是，他转念又一想，路要走下去，科学之路还很长很长。成功虽然不是那么简单，但也并不是不能实现。一个科学家的追求，就是向极限挑战。

杨培强说："有什么困难就告诉我。不管什么情况，不要忘了自己是个科学家，不要丢了使命。科技的价值不是钱的多少能衡量的，科技是国家的宝贝。"

韩芊使劲地点了点头。

杨培强继续说："你知道我们公司的精神吗？"

韩芊说："'牛马哥'啊！"

杨培强笑着说："牛的勤勉、正直、耐劳、稳定，马的活力、坚韧、奋进、智慧，哥的亲切、负责、包容、担当。"

韩芊将采购单递给杨培强。杨培强接过一看，说："好，我马上让人去买。"

试验室里，韩芊紧盯着电脑屏幕。他在与自己较量，在挑战自己的极限。他是一头牛，搞科学的牛；他是一匹马，搞科学的马；但他不是哥。对他来说，杨培强是哥，总是在他最需要的时候出现，虽然话不多，但是能给他一股力量。

试验中，仅续电一项，就涉及从未有过的技术一百多种，韩芊只能找相似的技术进行参考，把各方面的参考资料和一些样品用到他的试验中，并且采取了嫁接的方法，可还是没有用。韩芊束手无策，就随手拿起桌上的书随便翻，外文的，中文的，都翻，都看，希望能找到灵感。

付出总会有回报。2016年底，国内第一台低场核磁共振分段双端控温分析仪试制成功。苏州高新区的苏州纽迈分析仪器股份有限公司再次创造了一个科学的奇迹，填补了一项空白。不少专家、学者将使用这台分析仪的体会和感想以及取得的成果写成论文，发表在美国的《能源与燃料》等杂志上，为国家赢得了荣誉。从杂志上看到这些文章，韩苄心里有说不出的高兴，那可是自己研发出的仪器啊，能被世界性专业杂志传播，他的心里是甜的。他懂得了科学技术是全世界和全人类的共同财富。

第十章　纽迈与人才同频共振

当别人用西式餐具吃中国菜的时候，他们努力让别人用中式的就餐方式填饱自己的肚子。现代社会的激烈竞争之下，苏州纽迈吸引了一批有志于创新的人才。他们都有一颗报国之心、感恩之心，他们都是爱国爱家的科学精英。

有人问：苏州纽迈分析仪器股份有限公司创造了多少个中国第一、世界第一，填补了多少项科技空白？一心只知道不断攀登的杨培强回答不了，因为他确实没有统计过。他只能做个大概的统计。他只知道低场核磁共振技术是一项新兴的技术，具有无损、精确、快速等特点。他是个埋头苦干、实干的人，他只知道这项技术在生物材料、食品质量安全、生命科技与制药行业、石油能源和新材料等多个领域均具有广阔的应用前景，在农业研究及农作物育种领域也取得了较大的突破……他们每年都能研发出五十多个新产品，还为一些特殊行业的单位量身定制有特殊要求的分析仪器二十多个，除了已商业化的产品，前前后后还研发了六十多个“孤品”。

科学无国界，但科学家有祖国。这是杨培强的心声。无论在哪里，他都是一位低场核磁共振技术的研究者。他一直在不断拓展低场核磁共振技术的应用领域，不遗余力地推广这一前沿科学。在科学仪器行业，杨培强带着他的团队一直在低场核磁共振领域默默耕耘着、沉淀着、创新着。他们不仅向市场输出了大量新产品和新技术，而且为低场核磁市场的培育和发展做出了突出贡献。

当人们再次为苏州纽迈分析仪器股份有限公司进行了一次梳

理后，惊讶地发现了他们十多年来奋斗的足迹：高性能低场核磁共振分析仪、低场核磁共振低温孔隙分析仪、核磁共振变温分析仪、核磁共振成像分析仪、核磁共振颗粒表面特性分析仪、核磁共振纤维上油率分析仪、在线式核磁共振含油种子分拣系统、核磁共振钻井液含油量分析系统等。企业产品及技术已获授权专利19项，其中9项发明专利、10项实用新型专利，11项软件获登记。高性能低场核磁共振分析仪获得江苏省科学技术奖三等奖，核磁共振成像分析仪获得苏州市科学技术进步奖三等奖，在线式核磁共振含油种子分拣系统和核磁共振纤维上油率分析仪分别获得中国分析测试协会BCEIA金奖等多项国家奖项和资质认证，填补了国内空白，得到了广大客户的一致认可。目前产品广泛应用于农业、食品、能源勘探、高分子材料、纺织工业、生命科学等多个行业与领域，分别售至清华大学、复旦大学、上海理工大学、中国石油大学、中国科学院化学研究所、北京农业信息技术研究中心、新加坡南洋理工大学等上百所国内外著名高等院校和科研院所，还售至胜利油田、中石化华北石油工程有限公司录井分公司等国内知名石油企业。

苏州纽迈的产品在国内赢得了市场，得到了用户的认可，市场占有率达到了百分之九十。因为产品质量过硬、服务周到，纽迈得到了用户的一致称赞。苏州纽迈冲出国门，向国际市场挺进，产品销到了美国、西班牙、越南、韩国、俄罗斯等国的高知名度企业。在这些国家，外国人向我们这些“老外”竖起了大拇指。苏州纽迈终于赢得了一席之地，登上了低场核磁共振行业的世界舞台。

杨培强没有躺在荣誉簿上沾沾自喜。他总是认为，荣誉是对过去工作的肯定，已经是过去的事，过去就过去了。他在员工大会上说，过去取得的成绩只能作为公司的起点，科学是对未来发展的思考，科学必须永远创新，过去取得的科学成就已经变成了产品，那就不能再称为科学了，而应该是商品。

员工们都知道，杨培强永远是站在低场核磁科学的高度上看问题、想发展的，公司又站在新起点上了。杨培强就是这样一个人，永不止步，取得一个个成果后，不是沾沾自喜，而是整装待发。这就是纽迈的成功奥秘了！

淡泊名利、注重实效，也是杨培强的性格特征。他坚守一颗淡泊之心，拥有一份淡然之美，无论是哪种姿态，无论绽放或凋零，都荣辱不惊，淡定从容。淡泊是一种修养，一种境界，一种充满内涵的悠远，能让人在苦难中安之若素，幸福而从容。

杨培强的淡泊潜移默化地影响着公司里的年轻人。在苏州纽迈公司里，百分之八十的员工是年轻人。他们是以振兴科技为己任的一批有为青年，朝气蓬勃。他们视一个个科技产品如同自己的“子女”。每当杨培强有了新的目标，他们都会义无反顾地向着新目标攀登。

企业要发展，人是关键的因素。于是，杨培强实施了公司的人才战略计划，开始向全国招聘低场核磁共振科研人员，几乎是到了求贤若渴的地步。为了留住人才，让人才发挥巨大的才智，让人才感到自豪和荣耀，更为了激励员工认真钻研，杨培强做出了一个让许多人不理解的决定：公司设立“乐安资金”。凡是与公司一起成长的员工，想在苏州买房的，首付款可由公司先垫付，等首批购房员工偿还首付款后，再转借给其他员工用作首付款。第一批享受到“乐安资金”的有六人。石志东拿到钥匙后，兴奋得几天几夜没合眼。孙宝刚享受到购房待遇后，把妻子推荐进了公司，全家与公司同发展、共命运了。

有人不理解杨培强的这一做法，认为公司的钱本来就很紧张，应该用于科研。亲朋好友更是不理解，认为这些钱不垫付也是可以的。每当听到这些，杨培强总是笑笑，从不与人争论。事实证明他是对的。“乐安资金”设立后，人才来一个留下一个，并且还有许多大学教授退休后愿意到苏州纽迈来做贡献。

杨培强心中明白，“安居才能乐业”，搞科研工作就是要心清、心静。如果整天为了家庭琐事、为了生计而犯愁，科研人员的精力就会分散，就浪费了生产力。纽迈主攻的是低场核磁共振仪器中的高端市场，创新和开发是唯一的出路。要创新，就要靠人才。但是，杨培强自己却没有买房，他把有限的资金都投到科研和员工身上了。

“梧高凤必至，花香蝶自来。”公司160人中，博士11人，硕士40人，本科62人。2014年，一直“驻扎”在车库里的苏州纽迈，将软件园的二楼全部租了下来，作为搞科研开发的场所。杨培强要为酝酿已久的博士后工作站做准备。“筑了巢才能引到凤”，他要打造低场核磁共振领域人才聚集的高地了。

孙宝刚是2009年加入纽迈的。2009年9月，杨培强参加上海复旦大学物理研讨会，与孙宝刚相识。孙宝刚在这之前已经对纽迈有所了解，与杨培强神交已久，这次相遇，感到更加亲切，共同语言较多。几天后，孙宝刚写信给杨培强，提出了想加入纽迈的心愿。杨培强当即同意孙宝刚到公司就职，并请他担任磁铁部负责人。

燕军，英籍华人，主攻地球物理勘探，教授。1997年，他作为访问学者，在英国杜伦大学地球科学系学习。1998年至2001年，他又去英国爱丁堡大学地质与地球物理系学习并研究岩石地球物理。

近30年的地球物理测井油田服务、科研及教学工作经历，他所工作过的区域及地点包括了中国的四川和新疆，欧洲的英国、挪威、荷兰，中东、非洲和美洲等近20个国家和地区。他的主要研究方向包括：常规地球物理测井解释与方法研究，图像测井数据处理及应用（如核磁共振方法及数据处理等），井震结合的岩石物理分析（测井和地震数据），岩石及岩心分析技术的研究以及地球物理软件开发及推广，等等。1997年出国之前，他曾经获得国内13个科研项目奖项，在国内发表40余篇学术文章及国家会议文献，出版一本地球物理测井专业书籍、一本为本科生编写的测井教科书。出国后，他在国外发表20余篇学术文章及国际会议文献，其中有7篇文章刊登在《科学引文索引》（SCI）和《工程索引》（EI）杂志上。

2014年，燕军请了十五天假回国看望父母。说是十五天假，光花在路上的时间就有四天。他觉得对不起年迈的父母、岳父母，觉得应该多陪在他们身边。同时，作为中国人，应该用学到的知识为祖国服务。所以，他决定留在国内工作。他在国外的时候就听说过中国有一家同行业的苏州纽迈公司，经过多方打听，一个朋友介绍他认识了杨培强，他与杨培强在微信上聊了两天，决定加入苏州纽迈公司。回到英国后，归心似箭的燕军很快就办理了离职手续，第二天便返程回国。

燕军来到了苏州纽迈。杨培强为遇到如此优秀的人才而高兴得合不拢嘴，后来还让他担任博士后工作站站长，指导那些刚从学校出来的硕士生、博士生搞科研。

人才被杨培强一个一个聚到了苏州纽迈。这些人才有的是经过朋友的介绍，有的是看到了纽迈在核磁领域取得的成就，觉得可以在这做一番创新事业。他们都想在这里充分地发挥所学，干得舒心。为了更好地创新创业，杨培强还搭建起与大学合作的平台，与华东师范大学、中国石油大学、中国农业大学等院校共建研发机构，或为大学生提供实习机会，与国内多家研发机构开展合作，为创新人才提供了广阔空间和发展舞台。

2015年11月，江苏省人力资源和社会保障厅授予苏州纽迈分析仪器股份有限公司“博士后科研工作站”铜牌。看着这块牌子，杨培强如同取得了一项重大的科技成果那样高兴。他久久地看着这块牌子，心中涌起了无限的思绪。得到这块牌子，是杨培强的心愿。这标志着苏州纽迈有一支较高水平的科技人员队伍，有较强的经济技术实力，企业能够重视人才工作、能为博士后研究人员提供较好的科研条件和必要的生活条件。

比杨培强更高兴的是公司里的那些年轻人，他们的付出得到了承认，他们的科技能力得到了证实，苏州纽迈获得的成绩得到了认可。他们为自己能在博士后工作站工作而自豪。

在授牌仪式上，杨培强对大家说：“博士后工作站说明了我们公司的科技能力，但是我们今后的科研任务更重、更多了。博士后人员在站工作时间为两年，承担国家重大项目，可以获得国家自然科学基金、国家社会科学基金等国家基金资助项目或中国博士后科学基金特别资助项目。但是我们要对得起这个称号，要用自己的科学成果保住这块牌子。我们现在是省级博士后工作站，我们的目标是要建立国家级的博士后工作站。”

全体员工高兴极了，热烈地鼓起了掌。下面有人议论起来：“杨总每次都是一个目标接着一个目标，一个目标更比一个目标大，后面肯定还有新的目标的。”

另一名员工说：“这就是杨总的性格。我喜欢这样的性格，跟在杨总后面可以进步，可以学到很多的东西，学到了科技知识还学到了精神，可以获得人生的双丰收。”

杨培强说：“我们要想想牌子背后的故事，牌子背后就是要我们好好搞科研。我还是那句话，牌子代表过去，牌子是新目标、新征程的起点。我希望我们有更多的博士成为博士后，有更多的博士后在我们这里脱颖而出，研发出更多的科技产品。科技一定能强国。”

台下再次爆发出一阵热烈的掌声。

博士后工作站的建设，体现了苏州纽迈对人才队伍建设的重视。他们渴求人才，希望有更多的人才通过博士后工作站的工作最后留下来，这是他们培养后继人才队伍的“抓手”。

杨培强对大家说：“因为我们是做科学仪器的，合作伙伴大多是高校、科研院所，所以在招收博士后方面有相对的优势，而且很多博士后正是因为曾经用过我们的仪器才来到我们的博士后工作站的。同时，博士后工作站的工作不仅对纽迈的新技术、新应用的开发以及推广有极大推动作用，而且对博士后本人来说也是他们新事业的良好开端，这是我们博士后工作站的特色。”

科技人员的热情更高了，他们在这里攀登着一个又一个科技的高峰，攻下了一个又一个难题，收获的是成果、是自信、是荣誉、是力量、是尊严，是人生价值的体现。

2015年12月，经过苏州市经济和信息化委员会、苏州市科学技术局、苏州市发展和改革委员会联合评审，纽迈被苏州市人民政府认定为“企业技术中心”。苏州纽迈分析仪器股份有限公司与华东师范大学共同在苏州纽迈建起了低场核磁共振联合实验室，又先后与同济大学、西南石油大学、上海大学、中国石油勘探开发研究院建起了联合实验室。

对于博士后工作站，杨培强不断投入财力、人力、物力和精力。他将一些大学教授和专家引进博士后工作站，让这些老科技人员带着年轻的科技人员一步一步地向前，认认真真地搞研发。这里成了华东师范大学的实习基地。

2015年11月1日，毕业于中国石油大学的吴飞到苏州纽迈分析仪器股份有限公司工作，同月，纽迈的博士后工作站成立，吴飞便进了博士后工作站。自2015年11月进站以来，吴飞主持参与低场二维核磁共振岩石物理应用功能拓展项目的研发，已形成1篇学位论文《改良式CPMG序列T_2-G采集参数t0自适应方法设计与应用》；作为项目骨干参与了纽迈低场核磁共振石油勘探系列产品外围设备——高温高压驱替设备的研制与应用类项目，主要包括胶套型高温高压驱替夹持器研制与应用、高温高压填砂模型CO_2降稠实验方法、高温高压驱替线圈恒温功能开发3个项目的研发。

杨培强不但在生活上帮助吴飞，在工作上也给予他强有力的支持，营造宽松的工作环境，让吴飞拥有独立且配置齐全的实验室，组织数名项目人员辅助其进行研究，提供充足的科研经费；科研报酬除工资外，还含有专利申请、项目成果转化等项目奖金；在住房方面，提供公寓式住房；生活上其他事项，公司尽力照顾，解决困难，确保吴飞专心、安心地搞科研。

华帅是一名“80后”年轻人，2012年在上海大学攻读工程力学博士。当时上海大学向苏州纽迈分析仪器股份有限公司购买了一台设备，主要用于科学研发、流体研究，包括油与水的微纳米孔道里的流动特性，涉及核磁、电镜、CT等领域。他的研究课题是流体在多孔介质中渗流过程的核磁共振可视化评价方法研究与应用，油气在致密储层微纳毛细管中渗流特征研究。在研究过程中，他获得了5项发明专利，发表科技论文12篇。直到2016年，华帅一直与苏州纽迈打交道，在上海与苏州之间不停来回送资料、开展检测。就是在读博士的四年时间里，他与苏州纽迈结下了深厚的友情，看到了苏州纽迈是一个真正为振兴中华而奋斗的科技企业。同时，惜才如金的杨培强慧眼识才，看好华帅认真工作的热情和钻研的精神，看到他搞科研的劲头。于是，2016年华帅博士毕业后，就来到了苏州纽迈，并进入了博士后工作站，参与国家重大仪器设备开发专项“高性能核磁共振弛豫分析仪的开发和应用”研究。该项目旨在开发一台高性能低场核磁共振弛豫分析仪，该仪器要具有快速响应和高灵敏度这两大先进特性。纽迈要对项目所要解决的关键技术开展研究，取得一批重要的原创性成果；为主流应用领域研发辅助设备、专用软件、应用方法，建立数据库，制定测试准确性、重复性与可靠性的标准规范；开发出具有自主知识产权，应用方法领先、性价比高，且具有世界领先水平的高性能低场核磁共振弛豫分析仪；进一步进行技术优化和改进，逐步完成产业化设计和产品定型，完善生产工艺以及产品检测和质量控制体系；实现小批量定制生产，为占领高性能低场核磁共振弛豫分析仪市场打下坚实基础。

华帅学有所用，从事自己热爱的事业，确实是一件幸福的事。人一感觉幸福，工作就会热情高涨。项目分析会上，华帅说："2016年我国原油进口3.76亿吨，同比增长13.1%，对外依存度达到65.5%。常规、易采、优质的油气资源日益减少，迫使人们加大对致密油气、煤层气、页岩气等非常规油气资源的勘探和开发力度。低渗透、致密岩心的低场核磁共振响应具有短弛豫、低信噪比等典型特征，目前国产低场核磁共振岩心分析仪在该类岩心的检测中遇到了一系列'瓶颈'问题。因此，亟须进行的是快弛豫、弱信号检测序列的开发，减少切片厚度的序列及成像方法的研究，不同流体在岩心中的信号区分方法的研究，致密岩心中不同流体的渗流特征的研究。"

杨培强对华帅说："你分析得对，我们的责任就是要看到地下三千米处岩石含油含水的情况。科学研究不会一帆风顺，有什么困难告诉我。”

华帅继续着他的科研，一扎进实验室就是连续十几个小时拼命地工作。经过努力，他获得了回报：形成了三项特色技术，分别为短弛豫信号的精确检测和成像技术、快速提取薄岩心切片的核磁成像技术、致密岩心中不同流体无干扰快速识别技术；研发出了拥有自主知识产权的新型核磁共振检测分析设备；形成了对致密储层油气渗流特征的初步认识；发表了高水平学术论文3篇；申请了国家发明专利2项。

经过项目考验，华帅和吴飞双双获得江苏省“双创”博士后人才称号。

2014年，纽迈接下了江苏省科技成果转化项目。该项目旨在通过关键技术的研究，填补国内空白，达到国际领先水平，逐步替代进口，出口创汇，实现能源、食品、农业、材料、生物医药等领域的短弛豫和微弱信号检测，解决该部分信号无法或难以检测的问题，如弱油气、非常规油气的检测，缓解能源紧张，保障国家能源安全；食品品质无损监测，保证食品安全；改变人工选种的落后状态，实现全自动快速选种，确保粮食种子安全……经过努力，他们自主研发的Macro MR12–150H–I大口径核磁共振分析与成像系统问世了。

传统的岩石分析方法采取的是手工压汞法等，存在对人体有伤害、人工读数不准、废物排放影响环境、检测周期长等缺陷。而纽迈研发的这套设备由于测试时间快、精度高、绿色环保，减轻了工作人员的劳动强度，得到了市场的认可。

上海神开石油化工装备股份有限公司是国内较大的销售石油设备的公司，并且是技术上的权威机构。他们指定测井单位、地点，派出技术监督员，对纽迈的产品进行应用测试，结果各项指标全部达到了理想的效果，有些技术参数甚至超过了国际标准。之后，神开与纽迈签订了两年半的销售协议，一下子就抢占了全国录井行业70%的市场，打出了中国的品牌。

中国石油大学华东校区先是购买了一台试用，结果效果超出了他们的想象，于是不断购买，一个学校就买了十四台。西南石油大学购买了一台，由于使用效果很好，解决了许多科研难题，争取了时间和速度，因此先后购买了六台。现在，纽迈的这套设备已有五百多台被全国各地的高校、科研院所、油田使用。

这套设备可以模拟真实的油藏情况，调节不同样品的配方，提高采收率。使用这套设备后，新疆油田采收率提高7%，大庆油田、胜利油田、辽河油田、四川油田等单位的采收率也都有不同程度的提高。

2016年12月，中国石油勘探开发研究院在全国范围内第一次向企业捐赠中国石油新一代CIFLog测井软件一套。这套价值二百万元的软件设备是国家软件重大科研成果，最终花落苏州纽迈，支持苏州纽迈博士后工作站的教学及科研事业。

2017年3月，中华人民共和国人力资源和社会保障部、全国博士后管理委员会联合授予苏州纽迈分析仪器股份有限公司“博士后科研工作站”资质。不到一年半时间，纽迈的博士后工作站就从省级升级为国家级了。

2017年，苏州纽迈在博士后的指导下主攻能源地矿等细分应用领域的开发和推广，进一步打破了国外技术的封锁，有效解决了石油测井、能源地矿等行业难题，当年销售收入5600万元，同比增长59.8%！

2018年5月31日，中国仪器仪表学会分析仪器分会核磁共振仪器专业委员会向苏州纽迈颁发了首家石油能源领域获得中国合格评定国家认可委员会（CNAS）资质认证的核磁共振测试实验室证书。

科技转化为成果，需要的是时间和客户的认可。杨培强想到，每一台分析仪器走出公司，都关系到公司声誉。要取得好的声誉不容易，万一有一台出现了问题，就会毁了这么多年全体员工辛苦得来的荣誉。这么多年来，杨培强和全体员工一起，诚实做人，踏实做事，一步一个脚印地克服重重困难，迈过一道道坎坷。纽迈能在低场核磁行业立足，离不开全体科技人员的艰辛努力。企业到了现在这个高度，要更加谨慎。

杨培强知道，工业低场核磁市场比科研市场要大很多，纽迈要想发展起来，就必须向工业界挺进，就必须听取客户的意见，因为客户是最有发言权的。其实，在创业之初，纽迈就已经确定了要往工业低场核磁方向发展的目标，只不过历经十多年才渐渐落地开花。以后纽迈将兼顾科研仪器和工业仪器的研制，未来几年重点拓展工业核磁领域，这是他的战略布局。

低场核磁共振分析仪是一种高科技产品，能够在物体无损的情况下对物体进行分析，快速得到需要的检测数据，对企业的生产和科研都能起到极大的作用。可是，有很多企业规模小，买不起这样高档的分析仪器；还有很多院校、科研单位，仅仅为了一次实验、得到一个数据，也不可能买这样的设备。杨培强在市场调研分析中了解到这些情况后，心想，科技就是为生产服务，就是为发展服务，就是为人类服务的，如何让这些想用低场核磁共振分析仪的企业能够花最少的钱、用最小的成本使用到这些先进设备，共享科学成果呢？

于是，杨培强决定成立苏州纽迈分析仪器泰纽客户体验中心和苏州泰纽测试服务有限公司，同时还充分利用公司的人才资源、设备资源帮助客户进行检测服务。

泰纽测试的成立，将纽迈的市场拓展到了工业、养殖业、农业等领域以及各类院校。对此发展势头，杨培强十分看好。他说，让客户来到公司体验，一是可以让客户了解公司，二是客户在体验的过程中可以提出自己的看法，然后公司根据客户的要求加以改进，这是杨培强最想得到的，是为了让分析仪器更加完善、更加完美后再走出公司的大门。

上海有一个河蚌育珠场。珍珠是这个育珠场最主要的经济收入来源，也是这个育珠场的主要产品，但是育珠人却看不到河蚌中有几颗珍珠，看不到珍珠的大小、好坏、颗粒形状等，更不知道产量究竟是多少，只能靠“天养人收”，毫无养殖的主动权。河蚌又不能掰开看，一掰开就会死。有的河蚌里根本就没有珍珠，养了也是白养。一次偶然的机会，育珠场的老板与朋友一起吃饭，说出了心中的苦闷和困惑。这位老板的朋友也是杨培强的朋友，就介绍他使用核磁共振设备试试。可是，要买一台分析仪花费太大，还要有专职技术人员。朋友告诉老板，可以通过纽迈的检测服务来完成这个项目。这位老板试探地问，那要很多钱吧？朋友当即拨通手机，得到的回答是，检测一次只需要五百元服务费。老板激动地放下筷子说，这么便宜？

两个河蚌被送到苏州泰纽测试服务有限公司。华帅专心地关注着屏幕上每个波段的变化和振动的情况，在检验报告上一项一项地记录下来。结果测出一个河蚌里共有五粒珍珠，其中有一粒珍珠是不规则的；另一个河蚌里有七粒珍珠，其中有两粒是较小的。两个河蚌的检测结果所反映出来的情况是珍珠整体单体不大，重量很轻。检测后，上海育珠场的人不信，为了证实检测的准确度，当场将两个河蚌劈开，结果蚌内珍珠数、大小、形状与检测结果完全相同。上海育珠场的人不得不服，并根据育珠的标准和要求，对症下药，这如同增加了一双明亮的眼睛，看到了珍珠的生长情况，不仅提高了珍珠产量，而且提高了珍珠质量。

2018年5月，中国石油大学为了一个科研项目需要对页岩进行检测。中国石油大学将几十块页岩送到苏州泰纽测试服务有限公司，需要测出孔隙度、孔隙分布、含水饱和度等情况。针对这一情况，泰纽根据中国石油大学的要求做了一个详细的方案，第一步测试T2的稳像性能，第二步测试T2的孔隙分布，第三步再测试含水饱和度，第四步离心后再测试T2。华帅就每次测出的结果与客户进行反复交流，不断沟通，将相关的数据及时告诉客户，前后二十天，共做了四次测试。得到这些检测数据后，中国石油大学感谢道："非常感谢你们的服务。你们这项测试服务帮了我们的大忙，保证了我们科研项目的顺利进行。"

泰纽测试提供的是第三方服务，这里不但聚集了博士、博士后、大学教授等专业人才，还有一个最大的优势就是，各种各样的检测分析仪都有，可以综合利用，是一个比较全面的核磁检测分析服务中心，其他科研机构无法相比。因此，泰纽很快得到了CNAS的认可。通过一系列的严格检查与评审后，CNAS认定苏州泰纽测试服务有限公司测定的数据权威、全面、专业，于2015年给泰纽颁发了实验室认可证书。

泰纽测试的定位是从科学研究、应用研发、新的测试方法的形成，到逐步转化为第三方标准方法的平台。测试服务公司成立的更大意义是，将纽迈或者客户开发的很多应用方法变成行业认可的标准方法。同时，他们还可以通过给业界提供一些测试服务来推动纽迈的分析仪器获得广泛认可，这也是纽迈让核磁分析仪器的科学成果迅速为中小企业服务的一个新方法，让这些企业能够共享科技成果，帮助企业迅速发展。据悉，纽迈用于测试岩心7个参数的标准化测量方法已经通过CNAS认证。

不管是复杂的测试业务，还是简单的测试业务；不管是科研院所的测试业务，还是小型企业的测试业务；不管是小到几百元的测试业务，还是大到几万元的测试业务，纽迈都非常认真负责。每一次测试，他们都要与客户一起写出分析报告，制定详细的检测方案，因为每一个物体的检测要求是不一样的，客户需求也不一样。

江西南昌大学为了教学，需要测试两块混凝土的孔隙分布，从他们将样品带到泰纽到检测完成，前后只用了两个小时就获得了需要的结果。客户激动地说，想不到这么快就拿到了结果。这个测试他们学校是无法完成的，一是没有专业人员，二是没有完整设备，也不可能为一次测试就购买一台检测仪器。

一家桂圆生产厂家，想要确保上市桂圆的质量，但是又不好剥开桂圆壳看，凭他们多年的经验又不太准确。经过泰纽的检测后，他们很放心地将桂圆投放市场，并且很有底气地向顾客承诺质量标准。

2018年3月，南京林业大学需要对"油用牡丹花"长出的每个豆荚的生长变化情况进行测试，要测出牡丹从小到大在不同时间、不同光照、不同湿度、不同温度、不同土壤下的生长情况。这是一项较为严格的检测服务，因为种子是包在里面的，必须从种子发芽就开始检测，每隔一段时间检测，从而记录下种子渐渐长大的过程，并形成一套完整的资料。对于南京林业大学来说，进行这项检测只是为了完成一次任务，不需要购买分析仪器，也没有这方面的经费，更没有这方面的专业人员，能有一家单位提供权威的服务，让他们真正感到了科技服务市场的潜力，感到了科技服务的魅力和方便。

纽迈每年都要服务二百多家企业，为企业提供检测服务，让企业插上借科技力量腾飞的翅膀。这，就是杨培强希望的；这，就是他心中的梦。

苏州纽迈推出的测试服务让公司成功地闯出了一条产业转型和升级之路。

企业开设博士后工作站等工作并不多见。苏州纽迈在博士后工作站方面的建设也赢得了社会的认可。他们在为企业提供科技服务中得到了企业的赞誉，将专家、科技直接与企业进行了对接，开创了科技直接为市场服务的先例。这样的服务也让很多人清醒地认识到，在中国，有一家企业的低场核磁共振分析仪正引领着中国的科研队伍，历经十几年的研究，赋予人类以强大的智慧和科研力量。有人说，如果不是中国核磁共振分析事业的发展，在这场无声的科技竞争中，可能有更多的科研成果不能顺利取得。

低场核磁共振分析仪是一种科学的综合分析仪设备，涉及多门学科、多种知识，每一台分析仪的功能也很多。有些单位购买了核磁分析仪器后，只是使用其中极少的几种功能，没有充分发挥分析仪最大的功效和作用。因此，培训服务被提上了苏州纽迈的议事日程。为了让所有购买低场核磁共振分析仪的用户将设备的作用发挥到最大，挖出最大科技效力，苏州纽迈开展了培训服务，每年四次，主要针对对低场核磁共振技术有兴趣的大学老师，因为这些老师只会简单的测试操作，缺乏系统的分析技术。针对这样的情况，杨培强安排博士后工作站的博士后给这些老师上课。还有些高校虽然没有购买仪器，但又想使用仪器；或者有些高校要进行科研或论文创作，都有老师参加培训。每次培训都是从硬件到软件，从理论到实际操作，可以当场使用苏州纽迈的仪器进行试验操作，真正实现理论联系实际。学员十分高兴，掌握技能的速度也很快。

每当听到学员们满意的评价，杨培强就会觉得，这就是自己人生的价值和幸福。

尾声：远梦

人总是先有梦想，而后才有实现梦想的可能。一路奋斗、勇攀高峰，这路上也充满了鲜花和快乐，给社会提供更多的向上、向善的正能量。唯有如此，才能对得起自己和全体员工以及关心过纽迈的所有人！

日历翻到了2018年，杨培强屈指数着，从创业到如今，整整十五年了。十五年的辛酸泪，十五年的坎坎坷坷，十五年与员工们一起风雨兼程，纽迈从一个小作坊式的企业发展到现在拥有自主知识产权、承担国家科技项目的企业。纽迈从上海来到苏州，在苏州高新区的大力支持和帮助下，有了如今的规模和实力。没有苏州高新区，也就不会有苏州纽迈的今天。苏州高新区的领导在杨培强迷茫的时候，为他指明了方向，使苏州纽迈成了一家专业研制低场核磁共振分析仪器的高科技公司，并且在行业内逐步有了影响，产品广泛应用于石油能源领域、食品领域、农业领域、生命科学领域以及聚合物领域。想到这儿，杨培强不想再在办公室里坐着了，他要看看同事、看看员工。这些毕竟是员工们辛苦创下的，自己只不过是个领头人。他相信，所有的努力都会得到回报的。

悠悠沧海，人世浮沉，经过十五年的发展，特别是在苏州高新区的九年时间，公司有了一个质的飞跃，才形成了一定的规模。从上海到苏州，纽迈明确了“立足本国，面向世界”的方针。多少年过去了，这个方针一直扎在杨培强的心里。如果不是杨培强坚定的信念和执着的精神，如果不是苏州高新区的强有力支撑，如果不是这些员工和自己一起追求，如果不是他们的科技知识，怎么会有今天的苏州纽迈呢？今后的路还很长、很曲折、很艰苦，但是，路还是要走的，不能停下，停下就会落后，落后就会被人瞧不起。

杨培强走进了公司的车间，看着一台台即将运送给科研院所的分析仪。每当看到这些，每次产品出公司，他都怀着一颗感恩的心。这些仪器是出自苏州高新区的，他要感谢苏州高新区。他有一种成功的喜悦。他感到自豪的是通过十五年的努力，中国终于有了自己的分析仪器，并且逐渐被科研院所认可、被客户认可，在不同的领域发挥着巨大的作用，在祖国各地发挥着科技的作用。为了种子的优良，为了石油地下岩层的分析，为了食品的安全，他们研发的产品能够进行快速检测和分析，为其他的科研工作发挥着作用，作为一名科研工作者，他有成就感；公司的产品远销美国、俄罗斯等十几个国家和地区，已成为中国分析仪器走向世界的一张亮丽名片，作为一名中国人，他有成就感；他的公司已于2016年3月挂牌新三板了，作为一家科技企业的老总，他有成就感……

在低场核磁共振这个领域中，中国再也不用以高昂的价格向外国人去购买同类的产品了；也不用为了把一块地下岩石送去给外国人检测，既要把钱送给外国人，还要看外国人的脸色。杨培强看着这一台台为中国人长脸争气的低场核磁共振分析仪，这是中国人的志气和品质，这是中国人的精神，这是苏州高新区的精神。这不仅仅是一台机器这么简单的事，更关系到国格、人格、尊严。这就是科技的力量。这是科技实力的衡量，是看不见的较量。现在我们可以自豪地说，中国也有自己制造的低场核磁共振分析仪，中国人不比外国人差。

走出了车间，杨培强又来到了博士后工作站。看着挂在门前的“博士后科研工作站”的铜牌，他感慨万千。如果没有苏州高新区的人才政策，仅凭他杨培强是不可能建成这个工作站的。有了这个工作站，截至2018年6月，苏州纽迈分析仪器股份有限公司获得了相关领域51项专利，11项软件获得了著作权，与全国500多所高校、研究院所建立了合作关系，成了许多著名高校学生的实习之地。他看到工作站里有退休返聘而来的大学教授，有年富力强、知识丰富的年轻人，他们正聚精会神地在电脑前认真地测试着每个数据……一个个创新的低场核磁共振分析产品将在他们手中不断诞生，填补科技领域的空白。

杨培强走进博士后工作站。他不去影响正在埋头钻研的工作人员，他看到他们的专心，心里十分开心，他为这些年轻人高兴。看着这些勤勤恳恳的年轻人，杨培强突然想起了梁启超先生的《少年中国说》：

少年智则国智，少年富则国富，少年强则国强，少年独立则国独立，少年自由则国自由，少年进步则国进步，少年胜于欧洲则国胜于欧洲，少年雄于地球则国雄于地球。红日初升，其道大光。河出伏流，一泻汪洋。潜龙腾渊，鳞爪飞扬。乳虎啸谷，百兽震惶。鹰隼试翼，风尘翕张。奇花初胎，矞矞皇皇。干将发硎，有作其芒。天戴其苍，地履其黄。纵有千古，横有八荒。前途似海，来日方长。美哉我少年中国，与天不老！壮哉我中国少年，与国无疆！

杨培强来到了技术部。石志东正在检测着一台教学分析仪器。见杨培强进来，石志东欲停下手中的活。杨培强示意他不要停，不要影响工作，自己只是随便看看。石志东继续埋头工作。杨培强想起当年石志东到上海公司应聘时的情景。这个小伙子是个很爱钻研的年轻人，当时公司的条件是那样的艰苦，与他一起应聘的另外两个小伙子都被吓跑了，石志东不但没跑，还把女朋友一起带到了公司，与公司同舟共济，度过最艰难的一段时光。那时候他们还不知道公司会发展到哪一步，就连杨培强自己心中也没底，他在心里默默地感谢着这些一起从艰难困苦中走过来的同事和员工。现在石志东已经担任了技术总监。把技术总监这个位置交给这样的人，杨培强放心。一个科技企业要发展，需要诺贝尔式的精英人物，更需要像石志东这样忠诚于企业的员工，这是企业发展的基石。一个人最大的悲哀是没有梦想，一个企业最大的悲哀是培养出没有责任感的员工。

石志东曾经深有感触地说过，看你能不能走得远，要看你和谁同行。是的，和你同行的人决定着你的行程。那么，是什么决定了我们的人生目的地呢?告诉你,是目标。一个人有了目标才知道要往哪里去,但这个目标必须是正确的,只有找准了方向,才能让自己走上通往成功的道路。正确的目标是行动的标杆,假如将成功比喻成你的目的地的话,要成功就必须给自己“选个好的带头人”。

如果说生命的意义就是生存,那么信念的启迪往往是终生的动力。如果说贪婪是失败的本源,那么灵魂则是天使的翅膀。在这里,杨培强看到了一双双隐形的翅膀在与惊涛骇浪勇敢搏斗,他无法想象世上竟有如此坚韧的灵魂,能够在低场核磁共振的世界里探究微观的世界,并且绽放出了璀璨的生命之花,努力地探索,不断地追求,这一切怎能不让人感到智慧的可贵、生命的可贵呢?

播探究之种,育创新之苗。一个新的想法在杨培强的头脑里孕育形成了。对,少年强则国强,科技能救国,科技能兴国,科技能使人变得有尊严。现在纽迈有许多的科技资源可以利用,可以把这些资源整合起来,送到中学、小学去,帮助中小学开设科学课程、搭建科学创新的教学平台。创新是国家发展的第一驱动力,创新教育是实现中华民族伟大复兴的未来保障。杨培强心中播种育苗的创新之梦、探究之梦成熟了。对,科学从少年抓起,在中小学普及核磁知识,先培养青少年的兴趣,将纽迈在科研领域的长期积累转化到中小学教育课堂中去,为国家培养科技后备力量。

说干就干,杨培强决定让上海的泰纽分公司负责科学创新教学平台的工作,搭建高校、科研院所与中小学探究创新的沟通桥梁,为中小学科学教育做出贡献,让科技走进中小学校园,从小培养学生的科技兴趣。

对于泰纽科教，杨培强介绍说：“希望可以建成从幼儿园到大学的探究创新智慧意识的培养平台。”鉴于企业在招聘过程中发现的人才创新能力较弱的问题，泰纽科教着力于创新探究意识的培养。泰纽科教的愿景是借助低场核磁共振仪器，做启迪探究创新智慧的第一品牌。泰纽科教正在思考探索一些较为理想的教学模式。

在设计课程时，杨培强直接参与其中。核磁共振基本原理，让学生建立科学认知；核磁共振应用及案例的讲解，激发青少年科学兴趣，培养科学思维；科学创新示范案例，以优秀学生为经典案例，详细分析科学探究的不同阶段特征并给予针对性指导；定期更新教材，更好地跟进教育热点和科研热点，使教材更具生命力。

可是，选择学校时却使他们犯难了。他们跑了几家中学、小学，都被婉拒了。校方说的都是大意相同的话：科学普及不是学习的事，也不是学校的主课，学校的考核指标是升学率，是有多少学生考上了重点中学、重点大学。学校不愿意花精力搞这样没有考核任务的活动。即使泰纽科教自己派人去上课，不增加学校负担，学校也不愿意做。

杨培强找到了原先他任教过的上海青浦朱家角中学，就从这里开始了中学低场核磁共振的探究课程。经过一段时间的教学实践，学生们从微观角度解构世界，建立起对世界的科学认识，明白自然界中的所有物质在分子原子层面都是统一的。低场核磁共振技术的“大物理”平台可以支撑数、理、化、生、地的科学创新教育。

一个个看似简单的问题，激起了同学们的学习积极性，也激起了同学们的学习兴趣。

为什么苹果比胡萝卜好吃?

鸡蛋怎么储藏?

为什么水珠会从荷叶上滚下?

肥胖是什么样的?

……

这些问题摆在同学们的面前，同学们一个个都不知道怎么回答了。老师将苹果与胡萝卜中水的存在状态不同、比例不同、感官性质差异巨大的变化成像给同学们看，一看就清楚了。鸡蛋在不同温度下随着储藏天数变化的核磁共振成像更使同学们一目了然。肥胖的高亮图对比，就是脂肪的对比，更是让同学们恍然大悟、茅塞顿开。从此同学们爱上了科学课程。事实上，这不但没有影响学生的学习，反而使学生更热爱学习了。

经过努力，泰纽科教与上海市青浦区实验中学共同建起了低场核磁共振生物应用科学教育实践基地。青浦区的大盈镇是上海市著名的“玉米之乡”，结合运用苏州纽迈研发的低场核磁共振玉米分析仪，正是结合了学校与当地的农业特色，把最新的育种技术带进中学，最终为本地的玉米种植业服务。因此，学校获评上海市科技教育特色示范学校。

泰纽科教在上海市市西中学的教学实践中，与学校共同建起了上海市市西中学核磁共振生物应用科学教育实践基地，为学生的个性化学习与发展提供了一流的教学服务。此外，泰纽科教还在北京十一中建起了以化学为特色的核磁共振创新教学平台，在上海同济大学附属第二中学建起了以地理为特色的核磁共振创新教学平台。

纽迈的科技成果走进了课堂，激起了一批热爱科学的学生的极大兴趣。根据学校的要求，纽迈组织科技夏令营活动，请学生到上海的泰纽科教参观。此后，2018年7月6日，苏州的泰纽科教也迎来了首批学生参观团。对于核磁共振这门前沿科学，同学们的研究热度不减。大家一起参观了泰纽科教的核磁共振实验室。为了更便于大家了解核磁共振技术，公司还特意准备了核磁共振成像小实验，让大家对核磁共振技术有更具体的认识。

上海市黄浦区教师进修学院的近30名老师来到泰纽科教，听取关于中小学核磁共振探究创新教学知识的介绍。由于和平时的教学内容相关度比较高，老师们听得很认真，他们也是第一次了解到核磁共振技术除了医用还可以用于中小学教学探究，可以解决无损查看样品内部结构的问题。

老师们又来到了实验室。针对老师们感兴趣的内容，公司配合核磁共振实验进行讲解。老师们一边听，一边看，这才知道原来觉得十分复杂的核磁共振技术其实也是很容易理解的。这为在学校里推广核磁共振技术奠定了基础。紧张、忙碌而又意义非凡，泰纽科教在中小学核磁共振创新教育这条道路上会越走越远，同时会积极推进核磁共振科普教育，让越来越多的人了解核磁共振技术，并从中受益。泰纽科教致力于将核磁共振技术在科研领域的积累向中小学课堂转化，为青少年在中小学阶段就能接触到前沿科学提供了平台。

杨培强很明白学习的重要性，他自己就是因为知识改变了命运。他在学校对老师和学生说，中国的希望在教育。为此，杨培强帮助学校建起了核磁共振实验室。他希望通过科学教育，让学生从小热爱科技。他知道，将来社会的竞争就是科技的竞争，科技是实力的象征，所以要从小抓起。杨培强是在用他自己的经验去影响另一个群体，用自己的生命影响其他生命。

这就是杨培强的大布局。他曾经当过教师，他知道，青少年时期的一个兴趣，往往却能成为终生职业，并且能做出不凡的成绩。所以他要在青少年中普及低场核磁共振科学，培养有特色的人才，这就是杨培强的胸怀和格局。

人们总说：有目标的人睡不着；跌倒了要学会自己爬起来。杨培强就是一个睡不着的人，同时也是一个跌倒了再爬起来的人。科学之路上，不知跌倒了多少次、爬起来多少次，杨培强已经习惯了。

在发展过程中，苏州纽迈为了让低场核磁共振分析仪迅速服务社会，相继成立了泰纽测试、泰纽科教、纽钛测控等子公司，涉及第三方检测、创新教育平台、核心零部件研发制造等领域。对此，杨培强介绍道，多方布局，均为同一个目标：让纽迈更好地发展！

说到发展，杨培强更是信心十足，充满了希望。他说，苏州高新区这块土壤太肥沃了，这里有一群比科研人员更热爱科学的人，他们在背后默默地支持着科研人员。我用了十五年的时间才使纽迈初步形成了规模，没有他们就没有纽迈的今天。我这一生就做一件事，打算做五十年，就是研究低场核磁共振分析仪。杨培强谦虚地说，纽迈现在还处于滚动投入阶段，刚刚达到营收平衡，未来还有很大的发展空间。杨培强多次提到，过去很多时候他与客户及伙伴合作，出发点更多的是把事情做成，在一定程度上对效率重视不够，这既是纽迈能够发展壮大的主因，也是发展不快的原因。为了让公司更好地发展，现如今杨培强挂名总经理，执行董事长职责，具体的经营管理已经授权给专业人士去做。他强调："在前期积累的基础上，纽迈到了加快经营速度的时候了。"

就这样，杨培强在创新创业的道路上始终执着前行，就像他自己说的，一生只做一件事，一做就做五十年。这也是纽迈不断发展壮大的根基所在，在这种理念的带领和感染下，我们完全有理由相信纽迈做大做强的目标值得期待！

技术出身的杨培强给大家更多的印象是一名学者，谦虚中带着对别人的尊重，又展示出创业者的执着和自信。虽然目前他已经将纽迈的经营管理权授权给他人，但是对泰纽测试、泰纽科教、纽钛测控这些公司的一些开创性工作，他依然事必躬亲。他说自己骨子里就喜欢探索未知的事物，喜欢挑战从零到一、再从一到百的过程，对模式化的工作反而不是很喜欢。这充分说明，他的骨子里就是一个不"安分守己"的人，他的血液里流动着创新和开拓的细胞，他是一个闲不住的人。

杨培强总是用梦想照耀着前方，用信念点燃起勇气。他就像是树根扎在大地里一样扎在了核磁共振分析仪器里了。科学是世界的，科学是人类的，科学是服务大众的。他还有一个宏伟的设想，就是要让低场核磁共振技术走进各个领域，造福人类。

第一，他要针对的是食品安全问题。他要打造功能专业、操作简单、价格低廉，适合家庭使用的核磁共振小家电，让核磁共振技术走入寻常百姓家，惠及老百姓。比如，你购买的食用油是不是地沟油，只要一测就可立即知晓；你购买的猪肉是不是注水肉，只要一测就知道。既保证全民的身体健康，又能从根本上杜绝假货和不卫生食品。

第二，将第三方服务业务推向市场，为更多的企业、科研单位服务。随着社会的发展，越来越多的人会使用核磁共振分析仪，而此举可以解决中小型企业无力购买核磁共振分析仪及缺少科研人员的问题，使高科技与高科技人才更好地为社会服务，让全社会共享科技成果。

第三，发展高、新、尖的新型科研企业，扶持这些企业开展更多的创新业务，并为这些企业提供高端的核磁共振分析仪，培养高科技人才。

第四，将来主要聚焦零部件的开发。分析检测结果需要有一些机器人、机械手进行控制、分拣，为此需要开发一些自动控制系统，但这不是纽迈的主业，于是纽迈和几家有共同理念的伙伴一起投资建立纽钛测控，将来在零部件的开发方面会与纽迈形成强有力的互补效应。

第五，将在苏州高新区建一座现代化、全国性的低场核磁产业园。

杨培强反复强调自信和坚持："十五年来，纽迈生存并且发展起来的最根本原因就是找到了一个细分应用领域，而且是有潜在发展空间的应用领域，然后投入人力、物力、财力，并持之以恒，不管遇到什么困难和挫折，都不改变这个方向。我们通过自身的努力，不断地与客户交流，为客户提供服务，为客户创造价值，全心全意为客户服务，让与我们合作的客户更加满意。在这个过程中，纽迈的品牌逐步被客户认同，代表的就是低场核磁共振领域的创新技术和创新产品，代表的就是创新创业的精神，代表的就是进取、奉献、诚信的风貌，代表的就是我们倡导的专、精、敏、恒的企业文化。”

对于纽迈的未来，杨培强早在心中有了打算。他憧憬道：“到2025年，希望纽迈可以达到10亿级的规模，所以要求企业每年能以近50%的增长速度成长。如果按照规划发展的话，我们争取2019年可以启动首次公开募股（IPO）的工作，希望2020年能够实现真正的上市目标。不过，上市不是目的，是实现规划的手段和阶段性的步骤。”

“鉴于此，纽迈不仅聚焦科学仪器领域，而且一定要开拓工业核磁和生命科学应用领域。我们的口号是‘生态纽迈、数字纽迈、互联纽迈’，我们要往测试服务、科技教育、自动化领域开拓，这是我们实现目标的‘抓手’。”

还有，国际市场的布局也是纽迈未来发展的一个重要方面。杨培强说：“国际市场的规模是国内的几倍，我们要把国内做得比较成功的案例推广到国际市场，尽早做好国际化的布局和国际市场的开拓。”据悉，目前纽迈已经成立了北美子公司，并在欧洲、中东等地区借助代理商进行相关布局。

虽然在发展过程中，难免会有遗憾，但杨培强始终信心满满：“我们在努力做一件对社会有价值的事情，所以这个事业肯定会有未来，这是我们纽迈将来立于不败之地的根本原因。”

杨培强走在苏州高新区的大道上，感觉这里是一片热土，不但有山有水，更有一批为科技工作者默默耕耘的人。他仰望苏州高新区的科技大厦，他要感恩这座大厦里给他支持、给他帮助、给他力量的人，他们才是纽迈的奠基人，他们才是纽迈的核磁共振分析仪的主人。科技需要一批研究人员，更需要一批引领者、指导者。二十多层的科技大厦里的办公人员，都是纽迈的功臣，是真正的科技领军人才。

苏州高新区这个年轻的新区，自建区以来，就是一个高起点的创新之区。京杭运河从它的腹部流过，它一头连着北京，一头连着美丽的西湖。浩渺的太湖在它面前静静地流淌着。这里不但自然条件优越，土地肥沃，物产丰富，而且经济文化发达，聚集了海内外的高科技人才，人才之众，也居全国前列。

太湖与运河文化深邃而宽广，意蕴古朴又清新，使人流连忘返，难以忘怀。千百年来，这里发生了太多的变化，唯一不变的是流淌了千年的河水，忠实见证了这里发生的巨大变化。杨培强更是深有感触，他已深深地爱上这座城市和这个新区。